A

GUIDE DE

ET LEXIQU... ...R LE VOYAGE

120th
anniversary

Berlitz

Utilisation facile

- Repérage thématique par couleurs
- Une page d'expressions indispensables (ci-contre)
- Guide des pourboires (en 3ème page de couverture)
- Choix de questions et de réponses pratiques

L'essentiel en un coup d'œil

● Pour tirer le meilleur parti de ce manuel de conversation, commencez par le **Guide de prononciation** (p. 6–9) et enchaînez avec **Quelques expressions courantes** (p. 10–15). Vous ferez ainsi l'acquisition d'un vocabulaire de base tout en vous familiarisant avec la prononciation anglaise.

● Pour un aperçu global de ce livre, consultez la **Table des matières** (p. 3–5). Chaque chapitre comprend des phrases et des expressions simples, que vous pouvez compléter avec le mot dont vous avez besoin, ainsi que des conseils et renseignements pratiques.

● Les chapitres **Restaurants** et **Guide des achats** comportent des tables des matières supplémentaires (menu: p. 39, magasins: p. 97).

● Le **Résumé de grammaire** vous familiarisera avec la syntaxe anglaise et vous apprendra quelques règles de base (p. 159–163).

● Pour trouver rapidement le mot dont vous avez besoin, reportez-vous au **Lexique** (p. 164–189). En plus de la traduction anglaise, il vous donne l'indication des pages où ce mot figure.

● Le système de **repérage par couleurs**, avec le titre des chapitres en français et en anglais permet une consultation rapide. En cas de besoin, votre interlocuteur peut se reporter à **l'index en anglais** se trouvant à la fin du livre.

● Tout au long de ce manuel, vous découvrirez ce symbole ☞ . Il signale des phrases toutes faites que pourrait utiliser votre interlocuteur. Si vous ne le comprenez pas, laissez-le vous montrer la phrase en anglais, la traduction française se trouve à côté.

Nouvelle édition, entièrement révisée – 12e impression mai 1998

Imprimé en Espagne

Table des matières

Guide de prononciation	6

Quelques expressions courantes	10

Arrivée	16

16	Contrôle des passeports	19	Où est...?
17	Douane	19	Réservation d'hôtel
18	Bagages – Porteurs	20	Location de voitures
18	Change	21	Taxi

Hôtel – Logement	22

23	A la réception	29	Blanchisserie – Teinturerie
26	Questions d'ordre général	30	Coiffeur – Institut de beauté
28	Téléphone – Courrier	31	Départ
28	Difficultés	32	Camping

Restaurants	33

34	Heures des repas	49	Sauces
35	La cuisine anglaise	50	Pommes de terre, pâtes, riz
36	Questions et commandes	50	Plats exotiques
37	Régime	51	Fromages
38	Petit déjeuner	52	Fruits
39	Qu'y a-t-il au menu?	53	Desserts
40	Pour lire la carte	55	Bière
41	Hors-d'œuvres – Entrées	56	Vin
42	Salades	57	Autres boissons alcoolisées
43	Potages	58	Boissons sans alcool
44	Poissons et fruits de mer	59	L'heure du thé
45	Viande	60	Café
47	Gibier et volailles	61	Réclamations
48	Légumes	62	L'addition
49	Epices et fines herbes	63	Repas légers – Pique-nique

Excursions 65

65	En avion	74	En bateau
66	En train	75	Voiture
67	Renseignements	76	Demander son chemin
69	Billets — Réservations	77	Stationnement
71	Wagon-lit	78	Panne — Assistance
71	Bagages — Porteurs		routière
72	En autocar/bus	79	Accidents — Police
73	En métro	79	Panneaux routiers

Visites touristiques 80

81	Où est...?	84	Services religieux
82	Entrée	85	A la campagne
83	Qui — Quoi — Quand?	85	Points de repère

Distractions 86

86	Cinéma — Théâtre	89	Sports
87	Opéra — Ballet — Concert	91	Plage
88	Boîtes de nuit — Discos	91	Sports d'hiver

Faire connaissance 92

92	Présentations	94	Invitations
92	Pour rompre la glace	95	Rendez-vous
94	Le temps		

Guide des achats 97

98	Magasins	114	Vêtements — Accessoires
99	Services	116	Chaussures
100	Expressions courantes	117	Librairie — Papeterie
104	Appareils électriques	119	Magasin d'alimentation
105	Bijouterie — Horlogerie	120	Opticien
107	Bureau de tabac	121	Pharmacie — Droguerie
108	Matériel de camping	125	Magasin de photos
110	Habillement	127	Souvenirs
111	Couleurs	127	Disques — Cassettes
112	Tissus	128	Jouets

Banque — Change   129

| 130 | A la banque | 131 | Termes d'affaires |

Poste et Téléphone   132

| 132 | A la poste | 134 | Téléphone |

Médecin   137

137	Généralités	141	Chez le gynécologue
138	Parties du corps	143	Ordonnance — Traitement
139	Accident — Blessure	144	Hôpital
140	Maladie	145	Dentiste

Renseignements divers   146

146	Pays	152	Jours fériés
147	Chiffres	153	Quelle heure est-il?
149	Année et âge	154	Abréviations courantes
150	Saisons	155	Ecriteaux — Inscriptions
150	Mois	156	Urgences
151	Jours — Date	156	Objets perdus — Vol
152	Vœux et salutations	157	Tables de conversions

Résumé de grammaire   159

Lexique et index (français—anglais)   164

Index en anglais   190

Carte de Grande-Bretagne ·   192

Nous tenons à remercier tout particulièrement Mmes Rosmarie Tastavi-Welti et Anne-Marie Golaz pour leur collaboration dans la rédaction de ce livre, ainsi que le Dr. T.J.A. Bennett, auteur du système de transcription phonétique.

Guide de prononciation

Vous trouverez ci-après des explications sur les sons anglais, ainsi que les symboles que nous avons adoptés pour les représenter. Il s'agit de lire la prononciation comme si c'était du français, à quelques exceptions près, qui figurent dans le tableau. Certes, peu de sons d'une langue coïncident exactement avec ceux d'une autre langue mais, en suivant attentivement nos indications, vous n'éprouverez aucune difficulté à lire nos transcriptions et à vous faire comprendre. Les caractères gras indiquent les syllabes accentuées, donc émises avec plus de force.

Remarque: Toutes les lettres se prononcent en finale, excepté le *e* muet.

Consonnes

Lettre	Prononciation approximative	Symbole	Exemple	
b, c, d, f, k, l, m, n, p, t, v, x, z	ces lettres se prononcent comme en français			
ch	comme **tch** dans **tch**èque	tch	**rich**	ritch
g	1) devant **e, i, y**, comme **dj** dans **dj**inn	dj	**gin**	djinn
	2) ailleurs comme le **g** de **g**are	g gu	**good** **give**	goud guiv
h	se prononce presque toujours: ouvrez la bouche et expirez doucement, mais de façon audible	h	**have**	hæv
j	comme **dj** dans **dj**inn	dj	**juice**	djoûss
ng	comme **ng** dans campi**ng**	nng	**ring**	rinng
qu	comme un **k** suivi d'un **ou** faible	kou	**quick**	kouik

r	la langue se place à l'avant de la bouche, dans une position intermédiaire entre celle qu'elle occupe pour le **ou** et pour le **j** français	r	**red**	rèd
s	1) entre voyelles et souvent en finale, comme le **s** de rose	z	**his**	hiz
	2) ailleurs comme le **s** de sec	s/ss	**say**	séi
			yes	yèss
	3) dans les groupes **si** et **su**, souvent comme le **j** de je	j	**vision**	vijeunn
			usual	youûjoueul
sh	comme **ch** dans **ch**aud	ch	**ship**	chip
t	**t** dans la terminaison **tion** se prononce **ch** comme dans **ch**at	ch	**reserva-tion**	rèzeuvéi-cheunn
th	1) parfois (généralement devant une voyelle) comme le **s** de rose, mais en zézayant	ð	**this**	ðiss
	2) parfois (généralement en finale), comme le **s** de sec, mais zézayé	θ	**teeth**	tiiθ
w	comme **ou** dans **ou**ate	ou/w	**well**	ouèl
			wool	woûl

Voyelles

a	1) devant une consonne finale ou plusieurs consonnes, à condition de ne pas être immédiatement suivi de **r** ou **s**, généralement un son entre le **a** de patte et le **è** de mère	æ	**can**	kæn
	2) devant **r** ou **s**, généralement comme le **â** dans pâte, mais plus long	ââ	**car**	kââ
	3) devant une consonne suivie d'une voyelle, comme **eille** dans veille	éi	**safe**	séif
	4) parfois **o** (devant **l**)	oo	**salt**	soolt

e	1) devant consonne, comme è dans pèse	è	better	bèteu
	2) devant une consonne, suivie d'une voyelle, généralement comme i dans qui, mais plus long	ii	these	ðiiz
i	1) devant consonne, un son entre i dans qui et é dans été	i	this	ðiss
	2) devant une consonne suivie d'une voyelle, comme dans le mot ail	aï	fine	faïn
o	1) devant consonne, comme dans robe	o	not	not
	2) devant une consonne suivie d'une voyelle, à peu près comme o dans rose suivi d'un ou faible	ôô	note	nôôt
	3) parfois presque comme le a dans match, mais avec la bouche moins ouverte	a	mother	maðeu
u	1) devant consonne, presque comme le a dans match, mais avec la bouche moins ouverte	a	much	match
	2) devant une consonne suivie d'une voyelle, comme iou dans sioux	yoû	tune	tyoûn
	3) parfois comme ou dans poule	ou	pull	poul
y	1) au début d'un mot, généralement comme y dans yaourt	y	yes	yèss
	2) dans les mots monosyllabiques, quand ce n'est pas la première lettre du mot, comme dans ail	aï	my	maï
	3) ailleurs, généralement comme i dans qui	i	sorry	sori

N.B. La voyelle d'une syllabe inaccentuée s'affaiblit en anglais et devient souvent plus ou moins neutre; ce son ressemble au français **eu** dans se**u**l (p.e. *table* = **té**ibeul).

Sons écrits avec deux lettres ou plus

ai, ay	comme **eille** dans v**eille**	éi	**day**	déi
aw, or	une version longue du son décrit sous o 1)	oo	**port**	poot
ea, ee, ei	généralement comme **i** dans qui, mais plus long	ii	**team**	tiim
er, ir, ur	à moins d'être suivi d'une voyelle, comme **eu** dans p**eu**, mais avec les lèvres écartées, pas arrondies	eû	**first**	feûst
ere	1) parfois comme **i** suivi d'un **eu** assez faible	i^{eu}	**here**	hi^{eu}
	2) parfois comme **è** suivi d'un **eu** assez faible	è^{eu}	**there**	ðè^{eu}
ew	comme **iou** dans s**iou**x	yoû	**new**	nyoû
igh	comme **ail**	aï	**high**	haï
oa	comme le son décrit sous o 2)	ôô	**road**	rôôd
oi, oy	plus ou moins comme **oï** dans Mo**ï**se	oï	**boy**	boï
oo	1) généralement comme **ou** dans **tour** (long)	oû	**soon**	soûn
	2) quelquefois le même son, mais court	ou	**book**	bouk
ou/ow	1) généralement comme **aou** dans R**aou**l	aou	**pound** **now**	paound naou
	2) parfois le son décrit sous o 2)	ôô	**slow**	slôô

Prononciation de l'alphabet anglais							
A	éi	**H**	éitch	**O**	ôô	**V**	vii
B	bii	**I**	aï	**P**	pii	**W**	**dabl**yoû
C	sii	**J**	djéi	**Q**	kyoû	**X**	èks
D	dii	**K**	kéi	**R**	ââ	**Y**	ouaï
E	ii	**L**	èl	**S**	èss	**Z**	zèd
F	èf	**M**	èm	**T**	tii		
G	djii	**N**	èn	**U**	yoû		

Quelques expressions courantes

Oui.	**Yes.**	yèss
Non.	**No.**	nôô
S'il vous plaît.	**Please.**	pliiz
Merci (beaucoup).	**Thank you (very much).**	θænk yoû (**vè**ri match)
Il n'y a pas de quoi.	**That's all right.**	θæts ool raït
De rien.	**You're welcome.**	yoû^{eu} ou**è**lkeum
Excusez-moi/ Désolé(e).	**Excuse me/ Sorry.**	èk**skyoûz** mii/ sori

Salutations *Greetings*

Bonjour.	**Good morning.**	goud **moo**ninng
Bonjour. (après-midi)	**Good afternoon.**	good ââfteu**noûn**
Bonsoir.	**Good evening.**	goud **iiv**ninng
Bonne nuit.	**Good night.**	goud naït
Au revoir.	**Goodbye.**	goud**baï**
A bientôt.	**See you soon.**	sii yoû soûn
Voici ...	**This is ...**	ðiss iz
Monsieur ...	**Mr. ...**	misteu
Madame ...	**Mrs. ...**	missis
Mademoiselle ...	**Miss ...**	miss
mon mari	**my husband**	maï **haz**beunnd
ma femme	**my wife**	maï ouaïf
Enchanté(e).	**How do you do?**	haou doû yoû doû
Ravi(e) de te/vous connaître.	**Pleased to meet you.***	pliizd tou miit yoû
Comment allez-vous?	**How are you?**	haou ââ yoû
Très bien, merci. Et vous?	**Very well, thank you. And you?**	**vè**ri ou**è**l θænk yoû. ænd yoû
Comment ça va?	**How's life?**	haouz laïf
Bien, merci.	**Fine, thank you.**	faïn θænk yoû

---

* L'anglais ignore le tutoiement. Il n'y a donc qu'une forme, **you**, signifiant «tu» ou «vous».

Questions   *Questions*

Où?	**Where?**	ouè^{eu}
Où est .../ Où se trouve ...?	**Where is ...?**	ouè^{eu} iz
Où sont .../ Où se trouvent ...?	**Where are ...?**	ouè^{eu} ââ
Où puis-je obtenir/ trouver ...?	**Where can I get/ find ...?**	ouè^{eu} kæn aï guèt/ faïnd
Qui?	**Who?**	hoû
Qui est-ce?	**Who's that?**	hoûz ðæt
Quoi?	**What?**	ouot
Qu'est-ce que c'est?	**What's that?**	ouots ðæt
Que veut dire ceci/ cela?	**What does this/ that mean?**	ouot daz ðiss/ðæt miinn
Lequel/Laquelle?	**Which?**	ouitch
Quel bus va à ...?	**Which bus goes to ...?**	ouitch bass gôôz tou
Quand/A quelle heure?	**When/What time?**	ouèn/ouot taïm
Quand ouvre/ ferme ...?	**When does ... open/ close?**	ouèn daz ôôpeunn/ klôôz
Quand commence ...?	**What time does ... begin?**	ouot taïm daz ... biguinn
Combien?	**How much?**	haou match
Combien? (plur.)	**How many?**	haou mèni
Combien coûte ceci?	**How much does this cost?**	haou match daz ðiss kost
Comment?	**How?**	haou
Comment puis-je me rendre à ...?	**How do I get to ...?**	haou doû aï guèt tou
A quelle distance?	**How far?**	haou fââ
Combien de temps?	**How long?**	haou lonng
Comment appelez-vous ceci en anglais?	**What do you call this in English?**	ouot doû yôû kool ðiss inn innglich
Est-ce exact?	**Is that right?**	iz ðæt raït
Pourquoi?	**Why?**	ouaï

Parlez-vous ...?   *Do you speak ...?*

Y a-t-il quelqu'un ici qui parle français?	**Does anyone here speak French?**	daz **è**niouann hi^{eu} spiik frèntch
Je ne parle pas (bien) anglais.	**I don't speak (much) English.**	aï dôônt spiik (match) **inn**glich
Pourriez-vous parler plus lentement, s.v.p.?	**Could you speak more slowly, please?**	koud yoû spiik moo **slôô**li pliiz
Comment dit-on cela en anglais?	**How do you say this in English?**	haou doû yoû séi ðiss inn **inn**glich
Pourriez-vous me l'écrire, s.v.p.?	**Could you write it down, please?**	koud yoû raït it daoun pliiz
Pourriez-vous ...?	**Could you ... it?**	koud yoû ... it
épeler	**spell**	spèl
expliquer	**explain**	èks**pléinn**
répéter	**repeat**	ri**piit**
traduire	**translate**	træns**léit**
Montrez-moi le/la ... dans le livre, s.v.p.	**Please point to the ... in the book.**	pliiz poïnt tou ðeu ... inn ðeu bouk
expression	**phrase**	fréiz
mot	**word**	oue**û**d
phrase	**sentence**	**sènn**teunns
Un instant.	**Just a moment.**	djast eu **môô**meunnt
Que veut dire ceci?	**What does this mean?**	ouot daz ðiss miinn
Pardon?	**I beg your pardon?**	aï bèg yoo **pââ**deunn
Je comprends.	**I understand.**	aï anndeu**stænd**
Je ne comprends pas.	**I don't understand.**	aï dôônt anndeu**stænd**
Comprenez-vous?	**Do you understand?**	doû yoû anndeu**stænd**
Avez-vous un dictionnaire?	**Do you have a dictionary?**	doû yoû hæv eu **dik**cheuneuri
Je ne trouve pas la bonne traduction.	**I can't find the right translation.**	aï kâânt faïnd ðeu raït træns**léi**cheunn
Je ne suis pas sûr(e) de la prononciation.	**I'm not sure whether the pronunciation is right.**	aïm not chou^{eu} ouèðeu ðeu preunannsi**éi**cheunn iz raït

Puis-je ...? *Can I/May I ...?*

Puis-je avoir ...?	**May I have ...?**	méi aï hæv
Pouvons-nous avoir ...?	**May we have ...?**	méi ouii hæv
Pouvez-vous m'indiquer ...?	**Can you show me ...?**	kæn yoû chôô mii
Pouvez-vous me dire ...?	**Can you tell me ...?**	kæn yoû tèl mii
Puis-je vous demander ...?	**May I ask you ...?**	méi aï ââsk yoû
Pouvez-vous m'aider?	**Can you help me?**	kæn yoû hèlp mii
Je ne peux pas.	**I can't.**	aï kâânt

Souhaits *Wanting*

Je voudrais ...	**I'd like ...**	aïd laïk
Pouvez-vous me donner ceci/cela, s.v.p.?	**Could you give me this/that, please?**	koud yoû guiv mii ðiss/ðæt pliiz
Apportez-moi ...	**Bring me ..., please.**	brinng mii ... pliiz
Montrez-moi ...	**Show me ..., please.**	chôô mii ... pliiz
Je cherche ...	**I'm looking for ...**	aïm loukinng foo
J'ai besoin de ...	**I need ...**	aï niid

Avoir/Etre *To have/To be*

J'ai/Nous avons ...	**I've/We've ...***	aïv/ouiiv
J'ai perdu ...	**I've lost ...**	aïv lost
Je suis/Nous sommes ...	**I'm/We're ...***	aïm/ouii^{eu}
J'ai faim/soif.	**I'm hungry/thirsty.**	aïm **hanng**gri/θe**û**sti
Je me suis égaré(e).	**I'm lost.**	aïm lost
Je suis en retard.	**I'm late.**	aïm léit
Je suis fatigué(e).	**I'm tired.**	aïm taï^{eu}d

---

* **I've, I'm**, etc. sont des contractions usuelles de **I am, I have**, etc. (voir également Grammaire, page 162).

C'est/Il y a ...   *It is/There is ...*

C'est ...	It is/It's ...	it iz/its
Ce n'est pas ...	It isn't ...	it izeunnt
Est-ce ...?	Is it ...?	iz it
Le voici./La voici.	Here it is.	hi^{eu} it iz
C'est important.	It's important.	its immpooteunnt
C'est urgent.	It's urgent.	its eûdjeunnt
Il y a ... (sing./pl.)	There is/There are ...	ðè^{eu} iz/ðè^{eu} ââ
Il n'y a pas ...	There isn't ...	ðè^{eu} izeunnt
Il n'y a pas ... (plur.)	There aren't ...	ðè^{eu} âânt
Y a-t-il ...?	Is there ...?	iz ðè^{eu}

Quantités   *Quantities*

un peu/beaucoup	a little/a lot	eu liteul/eu lott
peu de/quelques	few/a few	fyoû/eu fyoû
beaucoup (sing./pl.)	much/many	match/mèni
plus/moins (que)	more/less (than)	môô/lèss (ðæn)
assez/trop	enough/too much	inaf/toû match

Contraires   *Opposites*

ancien/nouveau	old/new	ôôld/nyoû
beau/laid	beautiful/ugly	byoûtifoul/agli
bon/mauvais	good/bad	goud/bæd
bon marché/cher	cheap/expensive	tchiip/èkspènsiv
chaud/froid	hot/cold	hot/kôôld
dedans/dehors	inside/outside	innsaïd/aoutsaïd
en haut/en bas	up/down	ap/daoun
facile/difficile	easy/difficult	iizi/difikeult
grand/petit	big/small	big/smool
haut/bas	high/low	haï/lôô
ici/là	here/there	hi^{eu}/ðè^{eu}
juste/faux	right/wrong	raït/ronng
lourd/léger	heavy/light	hèvi/laït
ouvert/fermé	open/shut	ôôpeunn/chatt
plein/vide	full/empty	foul/èmpti
près/loin	near/far	ni^{eu}/fââ
rapide/lent	fast/slow	fââst/slôô
tôt/tard	early/late	eûli/léit
vieux/jeune	old/young	ôôld/yanng

Prépositions *Prepositions*

à	**at, to**	æt, tou
à côté (de)	**next (to)**	nèkst (tou)
à travers	**through**	θroû
après	**after**	ââfteu
avec	**with**	ouiδ
avant	**before**	bifoo
au-dessous	**below**	bilôô
au-dessus	**above**	eubav
chez	**at**	æt
contre	**against**	euguènst
dans/en	**in**	inn
de	**from/of**	from/ov
depuis	**since**	sinnss
derrière	**behind**	bihaïnd
devant	**in front of**	inn fronnt ov
entre	**between**	bitouiinn
excepté, sauf	**except**	èksèpt
jusqu'à	**until**	anntil
pendant	**during**	dyoûrinng
pour	**for**	foo
sans	**without**	ouiδaout
sous	**under**	anndeu
sur	**on**	onn
vers	**towards**	teuwoodz

Quelques autres mots utiles *Some more useful words*

aussi	**also, too**	oolsôô, toû
bientôt	**soon**	soûn
déjà	**already**	oolrèdi
ensuite	**then**	δèn
et	**and**	ænd
jamais	**never**	nèveu
maintenant	**now**	naou
mais	**but**	batt
ne ... pas	**not**	not
ou	**or**	oo
pas ... encore	**not ... yet**	not ... yèt
personne	**nobody**	nôôbodi
peut-être	**perhaps**	peuhæps
quelqu'un	**somebody**	sammbodi
rien	**nothing**	naθinng
seulement	**only**	ôônli
toujours	**always**	oolouéiz
très	**very**	vèri

Arrivée

Contrôle des passeports *Passport control*

Seule une carte d'identité est nécessaire pour les visiteurs d'origine française, belge ou suisse. Dès leur arrivée, ils doivent remplir un formulaire appelé *Visitor's Card (*v**iziteuz kââd).

Voici mon/ma ...	**Here's my ...**	hi^(eu)z maï
passeport	**passport**	**pââ**spoot
carte d'identité	**identity card**	aïd**è**ntiti kââd
permis de conduire	**driving licence**	draïvinng laïsseunns
carte verte	**Green Card**	griinn kââd
Voici mon permis de circulation.	**Here are the car registration papers.**	hi^(eu) ââ ðeu kââ reudji-stréicheunn péipeuz
Je resterai ...	**I'll be staying ...**	aïl bii st**é**iyinng
quelques jours	**a few days**	eu fyoû déiz
une semaine	**a week**	eu ouiik
un mois	**a month**	eu mannθ
Je ne sais pas encore.	**I don't know yet.**	aï dôônt nôô yèt
Je suis ici pour affaires.	**I'm here on business.**	aïm hi^(eu) onn bizniss
Je suis en transit.	**I'm just passing through.**	aïm djast **pââ**ssinng θroû
Je suis ici en vacances/pour un cours de langues.	**I'm here on holiday/for a language course.**	aïm hi^(eu) onn holidéi/ foo eu læ̃ngouidj kooss

Si vous avez des problèmes:

Excusez-moi, je ne comprends pas.	**I'm sorry, I don't understand.**	aïm **so**ri aï dôônt anndeust**æ**nd
Y a-t-il quelqu'un qui parle français?	**Does anyone here speak French?**	daz èniouann hi^(eu) spiik frèntch

CUSTOMS
DOUANE

Le tableau ci-dessus vous montre ce que vous pouvez importer en franchise:

en:	Cigarettes	Cigares	Tabac	Alcool	Vin
Grande-Bre-tagne/Irlande	200 ou (800)	50 ou (200)	250 g (1 kg)	1 l et (10 l)	2 l (90 l)

Les chiffres entre paranthèses sont valables pour les visiteurs d'un pays de la CEE et pour des marchandises qui n'ont pas été achetées hors-taxe.

Je n'ai rien à déclarer.	I have nothing to declare.	aï hæv naθinng tou diklè^{eu}
J'ai une ...	I have a ...	aï hæv eu
bouteille de whisky	bottle of whisky	boteul ov ouiski
cartouche de ciga-rettes	carton of ciga-rettes	kââteunn ov sigueurèts
C'est pour mon usage personnel.	It's for my personal use.	its foo maï peûsseuneul yoûss
Ce n'est pas neuf.	It's not new.	its not nyoû
C'est un cadeau.	It's a present.	its eu prèzeunnt

Your passport, please.	Votre passeport, s.v.p.
Your passport is no longer valid.	Votre passeport est périmé.
Do you have anything to declare?	Avez-vous quelque chose à déclarer?
Please open this bag.	Pouvez-vous ouvrir ce sac?
You'll have to pay duty on this.	Il y a des droits de douane sur cet article.
Do you have any more luggage?	Avez-vous d'autres bagages?

Bagages – Porteur *Luggage – Porter*

Où sont les chariots à bagages?	**Where are the luggage trolleys?**	ouè^eu ââ ðeu laguidj troliz
Où est la consigne à bagages?	**Where is the left-luggage office?**	ouè^eu iz ðeu lèft laguidj ofiss
Où est la consigne automatique?	**Where are the luggage lockers?**	ouè^eu ââ ðeu laguidj lokeuz
Porteur!	**Porter!**	pooteu
Prenez s.v.p. ...	**Please take ...**	pliiz téik
ces bagages	**this luggage**	ðiss laguidj
mon sac	**my bag**	maï bæg
ma valise	**my suitcase**	maï soûtkéiss
Portez ces bagages au bus/taxi, s.v.p.	**Take this luggage to the bus/taxi, please.**	téik ðiss laguidj tou ðeu bass/tæksi pliiz
Il en manque un/une.	**There's one piece missing.**	ðè^euz ouann piiss missinng
Combien vous dois-je?	**How much is that?**	haou match iz ðæt

Change *Changing money*

Vous pourrez changer de l'argent dans la plupart des ports, aéroports et grands hôtels ainsi que dans les agences principales des banques. Pour plus de détails, voir p. 129.

Où est le bureau de change le plus proche?	**Where's the nearest currency exchange office?**	ouè^euz ðeu nie^eurist kareunnsi èkstchéinndj ofiss
Où puis-je changer de l'argent?	**Where can I change some money?**	ouè^eu kæn aï tchéinndj samm mani
Pouvez-vous changer ces chèques de voyage?	**Can you change these traveller's cheques?**	kæn yoû tchéinndj ðiiz trævleuz tchèks
Je voudrais changer des ...	**I'd like to change some ...**	aïd laïk tou tchéinndj samm
francs belges/ français/suisses	**Belgian/French/ Swiss francs**	bèldjeunn/frèntch/ souiss frænks
Quel est le taux de change?	**What's the exchange rate?**	ouots ði èkstchéinndj réit

BANQUES – CHANGE, voir page 129

Où est ...? *Where is ...?*

Où puis-je trouver un taxi?	**Where can I get a taxi?**	ouè^{eu} kæn aï guèt eu tæksi
Où puis-je louer une voiture?	**Where can I hire a car?**	ouè^{eu} kæn aï haï^{eu} eu kââ
Comment puis-je aller à/au ...?	**How do I get to ...?**	haou doû aï guèt tou
Y a-t-il un bus pour aller en ville?	**Is there a bus into town?**	iz ðè^{eu} eu bass inntou taoun
Où est le/la ...?	**Where is the ...?**	ouè^{eu} iz ðeu

arrêt de bus	**bus stop**	bass stop
bureau de poste	**post office**	pôôst ofiss
gare	**(railway) station**	(rêilouéi) stéicheunn
guichet des billets	**ticket office**	tikit ofiss
guichet des réservations	**booking office**	boukinng ofiss
métro	**underground**	anndeugraound
office du tourisme	**tourist office**	tou^{eu}rist ofiss
Où sont les renseignements?	**Where is the information desk?**	ouè^{eu} iz ði innfooméicheunn dèsk

Réservation d'hôtel *Hotel reservation*

| Avez-vous un guide des hôtels? | **Do you have a hotel guide?** | doû yoû hæv eu hôôtèl gaïd |
| Pouvez-vous me faire réserver une chambre? | **Could you reserve a room for me?** | koud yoû rizeûv eu roûm foo mii |

dans le centre	**in the centre**	inn ðeu sènteu
près de la gare	**near the station**	ni^{eu} ðeu stéicheunn
chambre à un lit	**a single room**	en sinngueul roûm
chambre à deux lits	**a double room**	eu dabeul roûm
Où se trouve l'hôtel/la pension?	**Where is the hotel/ the guest house?**	ouè^{eu} iz ðeu hôôtèl/ðeu guèst haouss
Quel est le prix pour une nuit?	**What's the price per night?**	ouots ðeu praïss peû naït
N'avez-vous rien de meilleur marché?	**Don't you have anything cheaper?**	dôônt yoû hæv èniθinng tchiipeu
Avez-vous un plan de la ville?	**Do you have a street map?**	doû yoû hæv eu striit mæp

HÔTEL — LOGEMENT, voir page 22

Location de voitures *Car hire*

La plupart des agences de location de voitures exigent de leurs clients qu'ils aient 21 ans au minimum (et moins de 70 ans) et qu'ils soient en possession du permis depuis un an au moins. Les autorités britanniques acceptent les permis de pratiquement tous les pays.

Je voudrais louer une voiture.	**I'd like to hire a car.**	aïd laïk tou hai^{eu} eu kââ
petite/moyenne/grande à vitesses automatiques	**a small/medium-sized/large car an automatic (car)**	eu smool/**mii**dieum saïzd/lââdj kââ eunn ooteu**mæ**tik (kââ)
Pour un jour/une semaine.	**For a day/a week.**	foo eu déi/eu ouiik
Quel est le tarif par jour/semaine?	**What's the charge per day/week?**	ouots ðeu tchââdj peu déi/ouiik
Y a-t-il des forfaits pour fin de semaine?	**Are there any weekend arrangements?**	ââ ðè^{eu} èni **oui**ikènd eu**réi**nndjmeunnts
Avez-vous des tarifs spéciaux?	**Do you have any special rates?**	doû yoû hæv èni **spè**cheul réits
Le kilométrage est-il compris?	**Is mileage included?**	iz **maï**lidj inn**kloû**did
Quel est le tarif par mile*?	**What's the charge per mile?**	ouots ðeu tchââdj peu maïl
Je voudrais une assurance tous risques.	**I want full insurance.**	aï ouonnt foul inn**chou**reunns
A combien se monte la caution?	**What's the deposit?**	ouots ðeu di**poz**it
J'ai une carte de crédit.	**I have a credit card.**	aï hæv eu **krè**dit kââd
Voici mon permis de conduire.	**Here's my driving licence.**	hi^{eu}z maï **draï**vinng **laï**sseunns
J'aimerais laisser la voiture à ...	**I'd like to leave the car in ...**	aïd laïk tou liiv ðeu kââ inn

---

* 1 mile = 1,6 km,   1 km = 0,6 mile.

VOITURE, voir page 75

Taxi *Taxi*

On peut arrêter un taxi dans la rue ou le prendre à une station. On peut aussi obtenir par téléphone des minitaxis privés (*minicabs* – **mi**nikæbz). Ils pratiquent des prix fixes et sont avantageux surtout pour les longs parcours.

Où puis-je trouver un taxi?	**Where can I get a taxi?**	ouè^{eu} kæn aï guèt eu tæksi
Appelez-moi un taxi, s.v.p.	**Could you get me a taxi?**	koud yoû guèt mii eu tæksi
Quel est le tarif pour ...?	**What's the fare to ...?**	ouots ðeu fè^{eu} tou
A quelle distance se trouve ...?	**How far is it to ...?**	haou fââ iz it tou
Conduisez-moi ...	**Take me to ...**	téik mii tou
à cette adresse	**this address**	ðiss eudrèss
à l'aéroport	**the airport**	ði è^{eu}poot
à la gare	**the station**	ðeu stéicheunn
à l'hôpital	**the hospital**	ðeu hospiteul
à l'hôtel ...	**the ... Hotel**	ðeu ... hôôtèl
au centre-ville	**the town centre**	ðeu taoun sènteu
Je suis pressé(e).	**I'm in a hurry.**	aïm inn eu hari
Tournez ... au prochain coin de rue.	**Turn ... at the next corner.**	teûn ... æt ðeu nèkst kooneu
à droite/à gauche	**right/left**	raït/lèft
Continuez tout droit.	**Go straight ahead.**	gôô stréit euhèd
Arrêtez-vous ici, s.v.p.	**Stop here, please.**	stop hi^{eu} pliiz
Pourriez-vous rouler plus lentement?	**Could you drive more slowly, please?**	koud yoû draïv moo slôôli pliiz
Pourriez-vous m'aider à porter mes bagages?	**Could you help me carry my luggage?**	koud yoû hèlp mii kæri maï laguidj
Pouvez-vous m'attendre ici, s.v.p.?	**Would you wait for me, please?**	woud you ouéit foo mii pliiz
Je reviens dans 10 minutes.	**I'll be back in 10 minutes.**	aïl bii bæk inn tèn minits

POURBOIRES, voir 3ème page de couverture

Hôtel — Logement

Il est préférable de faire les réservations longtemps à l'avance, surtout en pleine saison. Si vous n'avez rien réservé, adressez-vous dès votre arrivée à l'office du tourisme local (*tourist information office* – **tou**eurist innfo**méi**cheunn **o**fiss). A Londres, la brochure *Where to stay: London* peut vous être utile.

Hotel (hôôtèl)	L'Angleterre offre une grande variété d'hôtels dans toutes les gammes de prix. Ils sont répartis en cinq catégories (de 1 à 5 étoiles).
Motel (môôtèl)	Ils sont situés, comme partout ailleurs, au bord des grands axes routiers.
Bed and Breakfast (B & B) (bèd ænd **brèk**feust)	Signifie: chambre avec petit déjeuner. C'est une façon simple et abordable de loger chez l'habitant. Elle vous permet de plus, de voir un intérieur anglais et d'en apprécier l'atmosphère familiale.
Guest House/Inn (guèst haouss/inn)	Pension ou auberge de campagne. Les prix y sont plus bas qu'en hôtel, et le confort moindre. Le petit déjeuner est généralement compris.
Youth Hostel (yoûθ **hos**teul)	Il y a plus de 400 auberges de jeunesse, réparties dans tout le pays. Pendant les mois d'été, il est indispensable de réserver longtemps à l'avance.

Pouvez-vous me recommander un hôtel/une pension?	**Can you recommend a hotel/a guest house?**	kæn yoû rèkeumènd eu hôôtèl/eu guèst haouss
Y a-t-il une auberge de jeunesse dans les environs?	**Is there a youth hostel near here?**	iz ðèeu eu yoûθ **hos**teul nieu hieu
Puis-je louer ...?	**Can I rent ...?**	kæn aï rènt
appartement	**a flat**	eu flæt
maison de vacances	**a holiday cottage**	eu holidéi kotidj

CAMPING, voir page 32

A la réception *Reception*

Avez-vous encore des chambres libres?	**Do you have any vacancies?**	doû yoû hæv èni **véi**keunnsiz
Je m'appelle ...	**My name is ...**	maï néim iz
J'ai réservé.	**I have a reservation.**	aï hæv eu rèzeu**véi**cheunn
Nous avons réservé deux chambres.	**We've reserved two rooms.**	ouiiv ri**zeû**vd toû roûmz
Voici la confirmation.	**Here's the confirmation.**	hi^{eu}z ðeu konnfeu-**méi**cheunn

VACANCIES		NO VACANCIES
CHAMBRES À LOUER		COMPLET

Je voudrais une ...	**I'd like a ...**	aïd laïk eu
chambre à un lit	**single room**	**sinn**gueul roûm
chambre à deux lits	**double room**	**da**beul roûm
chambre avec ...	**room with ...**	roûm ouið
lits jumeaux	**twin beds**	touinn bèdz
grand lit	**a double bed**	eu **da**beul bèd
salle de bain	**a bath**	eu bââθ
douche	**a shower**	eu chaou^{eu}
Nous voudrions une chambre ...	**We'd like a room ...**	ouiid laïk eu roûm
sur la rue	**at the front**	æt ðeu frannt
sur la cour	**at the back**	æt ðeu bæk
avec vue sur la mer/le lac	**overlooking the sea/the lake**	ôô**veu**loukinng ðeu sii/ðeu léik
avec un balcon	**with a balcony**	ouið eu **bæl**keuni
Elle doit être calme.	**It must be quiet.**	it mast bii **koua**ïeut
Y a-t-il ...?	**Is there ...?**	iz ðè^{eu}
blanchisserie	**a laundry service**	eu **loon**dri **seû**viss
chauffage	**heating**	**hii**tinng
climatisation	**air conditioning**	è^{eu} konn**di**cheuninng
eau chaude	**hot water**	hot **ouoo**teu
service d'étage	**room service**	roûm **seû**viss
radio/télévision dans la chambre	**a radio/television in the room**	eu **réi**diôô/**tè**livijeunn inn ðeu roûm
toilettes	**a private toilet**	eu **praï**veut **toï**leut

DÉPART, voir page 31

| Pourriez-vous mettre un lit supplémentaire/lit d'enfant dans la chambre? | **Could you put an extra bed/a cot in the room?** | koud yoû pout eunn **èks**treu bèd/eu kot inn ðeu roûm |
| Je voudrais une autre chambre. | **I'd like another room.** | aïd laïk euna**ð**eu roûm |

Combien? *How much?*

Combien coûte ...?	**What's the price ...?**	ouots ðeu praïss
la nuit	**per night**	peû naït
la semaine	**per week**	peû ouiik
la chambre et le petit déjeuner	**for bed and breakfast**	foo bèd ænd **brèk**feust
la pension complète	**for full board**	foo foul bood
la demi-pension	**for half board**	foo hââf bood
la chambre sans les repas	**excluding meals**	**èks**kloûdinng miilz
Le petit déjeuner est-il compris?	**Is breakfast included?**	iz **brèk**feust inn-**kloû**did
Y a-t-il une réduction pour enfants?	**Is there any reduction for children?**	iz ðè[eu] èni ridak**cheunn** foo **tchil**dreunn
Faut-il payer pour le bébé?	**Do you charge for the baby?**	doû yoû tchââdj foo ðeu **béi**bi
C'est trop cher.	**It's too expensive.**	its toû èk**spèn**siv
N'avez-vous rien de meilleur marché?	**Don't you have anything cheaper?**	dôônt yoû hæv èni**θinng** **tchii**peu

N.B. La taxe à la valeur ajoutée (*Value Added Tax – V.A.T.*) est normalement comprise dans les factures d'hôtel.

Pour combien de temps? *How long?*

Nous resterons ...	**We'll be staying ...**	ouill bii **stéi**yinng
une nuit seulement	**overnight only**	ôô**veu**naït ôônli
quelques jours	**a few days**	eu fyoû déiz
une semaine (au moins)	**a week (at least)**	eu ouiik (æt liist)
Je ne sais pas encore.	**I don't know yet.**	aï dôônt nôô yèt

Décision *Decision*

Puis-je voir la chambre?	**May I see the room?**	méi aï sii ðeu roûm
C'est bien, je la prends.	**Fine, I'll take it.**	faïn aïl téik it
Non, elle ne me plaît pas.	**No, I don't like it.**	nôô aï dôônt laïk it
Elle est trop ...	**It's too ...**	its toû
froide/chaude	**cold/hot**	kôôld/hot
sombre/petite	**dark/small**	dââk/smool
bruyante	**noisy**	noïzi
J'ai demandé une chambre avec bains.	**I asked for a room with a bath.**	aï ââskt foo eu roûm ouið eu bââθ
N'avez-vous rien de ...?	**Do you have anything ...?**	doû yoû hæv èniθinng
mieux	**better**	bèteu
plus grand	**bigger**	bigueu
meilleur marché	**cheaper**	tchiipeu
plus tranquille	**quieter**	kouaïeuteu
Avez-vous une chambre avec une plus belle vue?	**Dou you have a room with a better view?**	doû yoû hæv eu roûm ouið eu bèteu vyoû

Enregistrement *Registration*

A votre arrivée à l'hôtel, on vous demandera de remplir une fiche (*registration form* – rèdjistréicheunn foom).

Name/First name	Nom/prénom
Home town/Street/Number	Lieu de résidence/rue/nombre
Nationality	Nationalité
Occupation	Profession
Date/Place of birth	Date/lieu de naissance
Passport number	Numéro du passeport
Date/Signature	Date/Signature

| Que signifie cela? | **What does this mean?** | ouot daz ðiss miinn |

🖙	🍽
May I see your passport, please?	Puis-je voir votre passeport?
Would you mind filling in this registration form, please?	Pourriez-vous remplir cette fiche, s.v.p.?
Sign here, please.	Signez ici, s.v.p.
How long will you be staying?	Combien de temps pensez-vous rester?

Questions d'ordre général   *General requirements*

Quel est le numéro de ma chambre?	**What's my room number?**	ouots maï roûm **namm**beu
Pouvez-vous faire monter nos bagages?	**Will you have our luggage sent up?**	ouil yoû hæv aou**eu** laguidj sènt ap
Où puis-je parquer ma voiture?	**Where can I park my car?**	ouè**eu** kæn aï pââk maï kââ
L'hôtel dispose-t-il d'un garage?	**Does the hotel have a garage?**	daz ðeu hôôtèl hæv eu gærââj
Je voudrais déposer ceci dans votre coffre.	**I'd like to leave this in your safe.**	aïd laïk tou liiv ðiss inn yoo séif
Puis-je avoir la clef, s.v.p.?	**Can I have the key, please?**	kæn aï hæv ðeu kii pliiz
Pouvez-vous me réveiller à ...?	**Will you wake me at ..., please?**	ouil yoû ouéik mii æt ... pliiz
A quelle heure servez-vous le petit déjeuner?	**When is breakfast served?**	ouèn iz **brèk**feust seûvd
Pouvons-nous prendre le petit déjeuner dans notre chambre?	**Can we have breakfast in our room?**	kæn ouii hæv **brèk**feust in aou**eu** roûm
Y a-t-il une salle de bain à l'étage?	**Is there a bathroom on this floor?**	iz ðè**eu** eu bââθroûm onn ðiss floo
Quel est le voltage?	**What's the voltage here?**	ouots ðeu **vôôl**tidj hi**eu**
Où est la prise pour le rasoir?	**Where's the socket for the shaver?**	ouè**eu**z ðeu sokit foo ðeu **ché**iveu

HEURES, voir page 153 / PETIT DEJEUNER, page 38

Puis-je avoir ...?	**May I have ...?**	méi aï hæv
aiguille et du fil	**a needle and thread**	eu niideul ænd θrèd
bouillotte	**a hot-water bottle**	eu hot ouoteu boteul
cendrier	**an ashtray**	eunn æchtréi
cintres (en plus)	**(more) hangers**	(moo) hængueuz
couverture supplémentaire	**an extra blanket**	eunn èkstreu blænkit
cubes de glace	**some ice cubes**	samm aïss kyoûbz
enveloppes	**some envelopes**	samm ènveulôôps
lampe de chevet	**a reading lamp**	en riidinng læmp
linge à mains	**a towel**	eu taoueul
oreiller supplémentaire	**an extra pillow**	eunn èkstreu pilôô
papier à lettres	**some note paper**	samm nôôt péipeu
savon	**some soap**	samm sôôp
serviette de bain	**a bath towel**	eu bââθ taoueul
Où est/sont ...?	**Where is/are the ...?**	ouèeu iz/ââ ðeu
ascenseur	**lift**	lift
coiffeur	**hairdresser's**	hèeudrèsseuz
salle à manger	**dining-room**	daïninng roûm
salle de bain	**bathroom**	bââθroûm
sortie de secours	**emergency exit**	imeûdjeunnsi èksit
toilettes	**toilets**	toïleuts
Pouvez-vous me procurer un/une ...?	**Can you find me a ...?**	kæn yoû faïnd mii eu
garde d'enfants	**babysitter**	béibisiteu
machine à écrire	**typewriter**	taïpraïteu
secrétaire	**secretary**	sèkreutri

Personnel hôtelier   *Hotel staff*

bagagiste	**porter**	pooteu
chasseur	**page**	péidj
concierge	**hall porter**	hool pooteu
directeur	**manager**	mænidjeu
femme de chambre	**maid**	méid
garçon d'étage	**room service**	roûm seûviss
réceptionniste	**receptionist**	risèpcheunist
serveur	**waiter**	ouéiteu
serveuse	**waitress**	ouéitreuss
téléphoniste	**switchboard operator**	souitchbood opeuréiteu

Téléphone – Courrier   *Telephone – Post*

Pouvez-vous me passer le ... à Manchester?	**Can you get me Manchester ...?**	kæn yoû guèt mii mæntchèsteu
Y a-t-il un message pour moi?	**Are there any messages for me?**	ââ ðè^{eu} èni mèssidjiz foo mii
Y a-t-il des lettres pour moi?	**Are there any letters for me?**	ââ ðè^{eu} èni lèteuz foo mii
Avez-vous des timbres?	**Do you have any stamps?**	doû yoû hæv èni stæmps
Pouvez-vous poster ceci, s.v.p.?	**Would you post this for me, please?**	woud yoû pôôst ðiss foo mii pliiz
A combien se monte ma note de téléphone?	**How much is my telephone bill?**	haou match iz maï tèlifôôn bil

Difficultés   *Difficulties*

Le/La ... ne fonctionne pas.	**The ... doesn't work.**	ðeu ... dazeunnt oueûk
chauffage	**heating**	hiitinng
climatisation	**air conditioning**	è^{eu} konndicheuninng
lumière	**light**	laït
radio	**radio**	réidyôô
télévision	**television**	tèlivijeunn
Le robinet coule.	**The tap is dripping.**	ðeu tæp iz dripinng
Il n'y a pas d'eau chaude.	**There's no hot water.**	ðè^{eu}z nôô hot ouooteu
Le lavabo est bouché.	**The washbasin is blocked.**	ðeu ouochbéiseunn iz blokt
La fenêtre/La porte est bloquée.	**The window/The door is jammed.**	ðeu ouinndôô/ðeu doo iz djæmd
Le rideau est coincé.	**The curtain is stuck.**	ðeu keûteunn iz stak
L'ampoule est grillée.	**The bulb is burned out.**	ðeu balb iz beûnd aout
Ma chambre n'a pas été faite.	**My room hasn't been prepared.**	maï roûm hæzeunnt biinn pripè^{eu}d

POSTE ET TELEPHONE, voir page 132

Le/La ... est cassé(e).	The ... is broken.	ðeu ... iz brôôkeunn
interrupteur	switch	souitch
lampe	lamp	læmp
prise	plug	plag
store	blind	blaïnd
volet	shutter	chateu
Pouvez-vous le/la faire réparer?	Can you get it repaired?	kæn yoû guèt it ripè^{eu}d

Blanchisserie – Teinturerie *Laundry – Dry cleaner's*

Je voudrais faire ... ces vêtements.	I want these clothes ...	aï ouonnt ðiiz klôôðz
laver	washed	ouocht
nettoyer (à sec)	(dry-)cleaned	draï kliinnd
repasser	ironed	aïeunnd
Quand seront-ils prêts?	When will they be ready?	ouèn ouil ðéi bii rèdi
J'en ai besoin ...	I need them ...	aï niid ðèm
rapidement	urgently	eûdjeunntli
demain	tomorrow	teumorôô
avant vendredi	before Friday	bifoo fraïdi
Pouvez-vous raccommoder ceci?	Can you mend this?	kæn yoû mènd ðiss
Pouvez-vous recoudre ce bouton?	Can you sew on this button?	kæn yoû sôô onn ðiss bateunn
Pouvez-vous enlever cette tache?	Can you get this stain out?	kæn yoû guèt ðiss stéinn aout
Mon linge est-il prêt?	Is my laundry ready?	iz maï loondri rèdi
Ce n'est pas à moi.	This isn't mine.	ðiss izeunnt maïn
Il me manque quelque chose.	There's something missing.	ðè^{eu}z sammθiinng missinng
Il y a un trou.	There's a hole in this.	ðè^{eu}z eu hôôl inn ðiss
Le col est froissé.	The collar is creased.	ðeu koleu iz kriisd

INVISIBLE MENDING	STOPPAGE
ALTERATIONS	RETOUCHES

JOURS DE LA SEMAINE, voir page 151

Coiffeur — Institut de beauté   *Hairdresser's — Beauty salon*

Y a-t-il un coiffeur/institut de beauté à l'hôtel?	**Is there a hairdresser's/beauty salon in the hotel?**	iz ðè^{eu} eu hè^{eu}drèsseuz/byoûti sælonn inn ðeu hôôtèl
Puis-je prendre rendez-vous pour vendredi?	**Can I make an appointment for Friday?**	kæn aï méik eunn eupoïntmeunnt foo fraïdi
Pour un shampooing-mise en plis, s.v.p.	**I'd like a shampoo and set.**	aïd laïk eu chæmpoû ænd sèt
brushing	**blow-dry**	blôô draï
décoloration	**highlights**	haïlaïts
fixatif	**setting lotion**	sètinng lôôcheunn
gel	**hair gel**	hè^{eu} djèl
manucure	**manicure**	mænikyoû^{eu}
masque de beauté	**face-pack**	féiss pæk
permanente	**perm**	peûm
shampooing colorant	**colour rinse**	kaleu rinns
shampooing pour cheveux normaux/secs/gras	**shampoo for normal/dry/greasy hair**	chæmpoû foo noomeul/draï/griisi hè^{eu}
teinture	**dye**	daï
Avez-vous un nuancier?	**Do you have a colour chart?**	doû yoû hæv eu kaleu tchâât
Je ne veux pas de laque.	**I don't want any hairspray.**	aï dôônt ouonnt èni hè^{eu}spréi
Je voudrais une coupe, s.v.p.	**I'd like a haircut, please.**	aïd laïk eu hè^{eu}kat pliiz
La raie au milieu/à droite/à gauche.	**The parting in the middle/on the right/left.**	ðeu pââtinng inn ðeu mideul/onn ðeu raït/lèft
Avec une frange.	**With a fringe.**	ouið eu frinndj
Pas trop court.	**Don't cut it too short.**	dôônt kat it toû choot
Seulement les pointes, s.v.p.	**Just trim the ends, please.**	djast trim ði èndz pliiz
Coupez en encore un peu ...	**A little more off the ...**	eu liteul moo of ðeu
derrière/dessus	**back/top**	bæk/top
sur les côtés	**sides**	saïdz
sur la nuque	**neck**	nèk

JOURS DE LA SEMAINE, voir page 151

Pourriez-vous me raser, s.v.p.?	I'd like a shave, please.	aïd laïk eu chéiv pliiz
Pourriez-vous m'égaliser ...?	Would you please trim my ...	woud yoû pliiz trim maï
la barbe	beard	bii^{eu}d
les favoris	sideboards	saïdboodz
la moustache	moustache	meustââch
Mettez-moi une lotion, s.v.p.	I'd like some hair lotion.	aïd laïk samm hè^{eu} lôôcheunn

Départ *Checking out*

Puis-je avoir ma note, s.v.p.?	May I have my bill, please?	méi aï hæv maï bil pliiz
Je pars tôt demain matin.	I'm leaving early in the morning.	aïm liivinng eûli inn ðeu mooninng
Préparez ma note, s.v.p.	Please have my bill ready.	pliiz hæv maï bil rèdi
Nous partirons aux environs de midi.	We'll be checking out around noon.	ouill bii tchèkinng aout euraound noûn
Je dois partir immédiatement.	I must leave at once.	ai mast liiv æt ouannss
Est-ce que tout est compris?	Is everything included?	iz èvriðinng inkloûdid
Je crois que vous avez fait une erreur.	I think there's a mistake in the bill.	aï θinnk ðè^{eu}z eu mistéik inn ðeu bil
Puis-je payer avec une carte de crédit?	Can I pay by credit card?	kæn aï péi baï krèdit kââd
Pouvez-vous nous appeler un taxi?	Can you get us a taxi?	kæn yoû guèt as eu tæksi
Pouvez-vous faire descendre nos bagages?	Could you have our luggage brought down?	koud yoû hæv aou^{eu} laguidj broot daoun
Voici ma future adresse.	Here's the forwarding address.	hi^{eu}z ðeu fooweudinng eudrèss
Vous avez mon adresse habituelle.	You have my home address.	yoû hæv maï hôôm eudrèss
Notre séjour a été très agréable.	It's been a very enjoyable stay.	its biinn eu vèri èndjoïeubeul stéi

POURBOIRES, voir 3ème page de couverture

Camping *Camping*

On trouve des terrains de camping et caravaning dans tout le pays, surtout à proximité du littoral et hors des grands centres.

Y a-t-il un terrain de camping à proximité?	**Is there a camp site near here?**	iz ðè^eu eu kæmp saït ni^eu hi^eu
Pouvons-nous camper ici?	**Can we camp here?**	kæn ouii kæmp hi^eu
Avez-vous une place pour une tente/une caravane?	**Do you have room for a tent/a caravan?**	doû yoû hæv roûm foo eu tènt/eu kæreuvæn
Quel est le tarif ...?	**What's the charge ...?**	ouots ðeu tchââdj
par jour	**per day**	peu déi
par personne	**per person**	peu peûseunn
pour une voiture	**for a car**	foo eu kââ
pour une tente	**for a tent**	foo eu tènt
pour une caravane	**for a caravan**	foo eu kæreuvæn
Y a-t-il une taxe de séjour à payer?	**Do we have to pay tourist tax?**	doû ouii hæv tou péi tou^eurist tæks
Y a-t-il ...?	**Is there ...?**	iz ðè^eu
eau potable	**drinking water**	drinnkinng ouooteu
électricité	**electricity**	èlèktrisiti
piscine	**a swimming pool**	eu souiminng poûl
place de jeux	**a playground**	eu pléigraound
restaurant	**a restaurant**	eu rèstreunnt
Peut-on faire des achats?	**Are there shopping facilities?**	ââ ðè^eu chopinng feusilitiz
Où sont les douches/toilettes?	**Where are the showers/toilets?**	ouè^eu ââ ðeu chaou^euz/ toïleuts
Où puis-je acheter du gaz butane?	**Where can I get butane gas?**	ouè^eu kæn aï guèt byoûtéinn gæss
Y a-t-il une auberge de jeunesse dans les environs?	**Is there a youth hostel near here?**	iz ðè^eu eu yoûθ hosteul ni^eu hi^eu

| NO CAMPING | NO CARAVANS |
| DÉFENSE DE CAMPER | INTERDIT AUX CARAVANES |

MATÉRIEL DE CAMPING, voir page 108

Restaurants

En Grande-Bretagne comme ailleurs, les hamburger-restaurants, snack-bars, pizzerias et grills se sont multipliés et offrent pratiquement les mêmes menus partout. Nous pensons plus utile de signaler à votre attention les établissements plus typiquement britanniques.

Buffets (bouféiz)	Le plus souvent dans les gares, servent des repas simples et «en-cas» rapides.
Cafés (kæféiz)	Etablissements situés au bord des routes (comparables aux restaurants de routiers) qui servent de la cuisine anglaise typique, copieuse et peu coûteuse.
Coffee houses (kofi haouziz)	On y sert non seulement du thé, du café et de la pâtisserie, mais aussi des sandwiches et de la petite restauration.
Fish and chip shops (fich ænd tchip chops)	Offrent le populaire *fish and chips*: filets de poisson frits assaisonnés de sel et de vinaigre, accompagnés de frites, à consommer sur place ou à emporter.
Inns (innz)	*Pubs* (surtout situés à la campagne) où on peut parfois également loger.
Pubs (pabz)	En fait: *Public Houses* (**pa**blik **haou**ziz). Véritable institution britannique, ils sont un lieu de rencontre, le centre de la vie sociale. Ils sont particulièrement réputés pour leur bière (voir p. 55). Les *free houses* (frii **haou**ziz) qui n'appartiennent pas à une brasserie, ont un plus grand choix de bières, même des «continentales». Les pubs offrent aussi de la petite restauration.
Restaurants (rèstreunnts)	Etablissements anglais et étrangers (surtout hindous et chinois, voir p. 50). Offrent des repas qui sont en général bons et pas trop coûteux. Les *kebabs* grecs et turcs sont aussi populaires.
Sandwich bars (sændouitch bââz)	On ne les trouve guère que dans les grandes villes et ils offrent un choix étonnant de pains variés, garnis de fruits de mer, salades, œufs, etc.

Steak houses
(stéik haouziz)

Etablissements où sont servis (comme leur nom l'indique) une variété de steaks.

Takeaway restaurants
(téik euouéi rèstreunnts)

To take away signifie «emporter». Ce sont des restaurants (surtout chinois et hindous) qui offrent des plats à emporter.

Tea shops/ Tea rooms
(tii chops/tii roûmz)

Etablissements sans alcool, offrent du thé, du café et des «en-cas».

Vegetarian restaurants
(vèdjeutèrieunn rèstreunnts)

La cuisine végétarienne a de plus en plus de succès. Un «V» vert dans la vitrine les signale à l'attention. Certains restaurants «traditionnels» offrent également des plats de ce genre.

Wine bars
(ouaïn bââz)

Outre le vin et d'autres alcools, servent aussi de la petite restauration.

Heures des repas   *Meal times*

Petit déjeuner (*breakfast* – **brèk**feust): 7 à 11 heures;

Déjeuner (*lunch* – lanntch): 12 à 14 heures;

Dîner (*dinner* – **di**neu): 19 à 22/23 heures.

Coutumes alimentaires   *Eating habits*

Une tasse de thé fort, *early morning tea* (**eû**li **moo**ninng tii), facilite le lever. Ensuite, vous avez le choix entre le copieux petit déjeuner anglais avec œufs, lard, etc. ou le *continental breakfast* (voir page 38). Le repas de midi, *lunch*, est généralement un repas léger, pris rapidement. L'après-midi, le jadis traditionnel *afternoon tea* (**ââf**teunoûn tii) tend à disparaître, remplacé par une simple pause (voir page 59). Par contre, dans le Nord surtout, le *high tea* (haï tii) composé de sandwiches, pâtisseries, etc. accompagné de nombreuses tasses de thé, servi entre 16 h. 30 et 18 h. 30 tient lieu de dîner. Ailleurs, le *dinner* (**di**neu) composé de plusieurs plats reste le repas principal de la journée. Un repas du soir plus léger s'appelle *supper* (**sa**peu).

La cuisine anglaise *English cooking*

Pendant des années, la cuisine anglaise a eu (parfois a encore) une réputation déplorable. Il vaut la peine de faire fi de ces préjugés et de goûter la cuisine anglaise avec un esprit ouvert. Beaucoup de produits indigènes frais – viande, poisson, produits laitiers, fruits et légumes – sont à la base de savoureuses spécialités, telles que *roast beef* et *Yorkshire pudding, Lancashire hot-pot* ou *steak and kidney pie* (voir page 46). Les desserts aussi ne sont pas à dédaigner: puddings, tartes, gâteaux et desserts aux fruits s'offrent en grande variété.

Manger en Angleterre vous permettra aussi de découvrir des plats exotiques dans de nombreux restaurants étrangers (chinois et hindous en particulier).

What would you like?	Que désirez-vous?
I recommend ...	Je vous recommande ...
What would you like to drink?	Que désirez-vous boire?
We don't have any ...	Nous n'avons pas de ...
Would you like ...?	Voudriez-vous ...?

Avez-vous faim? *Hungry?*

J'ai faim/soif.	**I'm hungry/thirsty.**	aïm **hanng**gri/**θeû**sti
Pouvez-vous me recommander un bon restaurant?	**Can you recommend a good restaurant?**	kæn yoû rèkeumènd eu goud rèstreunnt
Y a-t-il des bons restaurants à prix raisonnables dans les environs?	**Are there any good reasonably priced restaurants around here?**	ââ ðèeu èni goud riizeuneubli praïst rèstreunnts euraound hieu

Si vous avez l'intention de manger dans un restaurant renommé, il vaut mieux réserver une table à l'avance.

Je voudrais réserver une table pour 4.	**I'd like to reserve a table for 4.**	aïd laïk tou rizeûv eu téibeul foo foo

Nous viendrons à 8 heures.	We'll come at 8.	ouiil kamm æt éit
Pourrions-nous avoir une table ...?	**Could we have a table ...?**	koud ouii hæv eu téibeul
dans un coin	**in the corner**	in ðeu kooneu
près de la fenêtre	**by the window**	baï ðeu ouinndôô
dehors	**outside**	aoutsaïd
sur la terrasse	**on the terrace**	onn ðeu tèreuss
dans le coin non-fumeur	**in the non-smoking section**	inn ðeu nonn smôôkinng sèkcheunn

Questions et commandes *Asking and ordering*

Garçon/Mademoiselle, s.v.p.	**Waiter/Waitress, please.**	ouéiteu/ouéitreuss pliiz
Je voudrais manger/boire.	**I'd like something to eat/drink.**	aïd laïk sammθiinng tou iit/drinnk
Puis-je voir la carte/la carte des vins?	**May I please have the menu/the wine list?**	méi aï pliiz hæv ðeu mènyoû/ðeu ouaïn list?
Avez-vous un menu à prix fixe/des spécialités locales?	**Do you have a set menu/local dishes?**	dou yoû hæv eu sèt mènyoû/lôôkeul dichiz
Que conseillez-vous?	**What do you recommend?**	ouot doû yoû rèkeumènd
Qu'est-ce que c'est?	**What's this?**	ouots ðiss
Avez-vous des plats végétariens?	**Do you have vegetarian dishes?**	doû yoû hæv vèdjeutèrieunn dichiz
Je suis pressé(e). Pouvez-vous me servir tout de suite?	**I'm in a hurry. Could you serve me straightaway?**	aïm inn eu hari. koud yoû seûv mii stréit[eu]ouéi
Avez-vous des portions pour enfants?	**Do you have any children's portions?**	doû yoû hæv èni tchildreunnz poocheunnz
Pourrions-nous avoir une assiette pour l'enfant?	**Could we have a plate for the child?**	koud ouii hæv eu pléit foo ðeu tchaïld
Pouvez-vous nous apporter un/une ...?	**Could we have ..., please?**	koud ouii hæv ... pliiz
assiette	**a plate**	eu pléit
cendrier	**an ashtray**	eunn æchtréi
couteau	**a knife**	eu naïf

cuillère	a spoon	eu spoûn
fourchette	a fork	eu fook
paille	a straw	eu stroo
serviette	a napkin	eu næpkinn
tasse	a cup	eu kap
verre	a glass	eu glââss

| Je voudrais ... | I'd like some ... | aïd laïk samm |

beurre	butter	bateu
citron	lemon	lèmeunn
condiment	seasoning	siizeuninng
huile	oil	oïl
moutarde	mustard	masteud
pain	bread	brèd
poivre	pepper	pèpeu
sel	salt	soolt
sucre	sugar	chougueu
vinaigre	vinegar	vinigueu

Puis-je avoir encore un peu de ...?	Can I have some more ...?	kæn aï hæv samm moo
Rien qu'une petite portion.	Just a small portion.	djast eu smool poocheunn
Je suis servi(e), merci.	Nothing more, thanks.	naθinng moo θænks

Régime *Diet*

Je suis au régime.	I'm on a diet.	aïm onn eu daïeut
Je dois éviter les plats contenant ...	I mustn't eat food containing ...	aï maseunnt iit foûd konntéininng
alcool	alcohol	ælkeuhol
farine/graisse	flour/fat	flaou^eu/fæt
sel/sucre	salt/sugar	soolt/chougueu
Avez-vous ... pour diabétiques?	Do you have ... for diabetics?	doû yoû hæv ... foo daï^eubètiks
gâteaux	cakes	kéiks
jus de fruits	fruit juice	froût djoûss
menu spécial	a special menu	eu spècheul mènyoû
Pourrais-je avoir ... à la place du dessert?	Could I have ... instead of dessert?	koud aï hæv ... innstèd ov dizeût
Puis-je avoir de l'édulcorant?	Can I have an artificial sweetener?	kæn aï hæv eunn ââtificheul souïiteuneu

Petit déjeuner *Breakfast*

Si le petit déjeuner anglais traditionnel (*cooked breakfast* – koukt **brèk**feust) vous semble trop copieux, vous pouvez demander le petit déjeuner continental (*Continental breakfast* – kontin**èn**teul **brèk**feust).

Je voudrais prendre mon petit déjeuner.	Could I have breakfast, please?	koud aï hæv **brèk**feust pliiz
Je prendrai un/du ...	I'll have ...	aïl hæv
café	some coffee	samm **ko**fi
au lait/crème	with milk/cream	ouið milk/kriim
décaféiné/	decaffeinated/	dikæfinéitid/
noir	black coffee	blæk **ko**fi
chocolat (chaud)	(hot) chocolate	(hot) **tcho**kleut
jus de fruits	some fruit juice	samm froût djoûss
lait chaud/froid	some hot/cold milk	samm hot/kôôld milk
thé	some tea	samm tii
au lait/citron	with milk/lemon	ouið milk/**lè**meunn
Puis-je avoir ...?	May I have some ...?	méi aï hæv samm
beurre	butter	**ba**teu
céréales	cereal	**si**rieul
confiture	jam	djæm
d'oranges	marmalade	**mââ**meuléid
fromage	cheese	tchiis
miel	honey	**ha**ni
œufs	eggs	ègz
à la coque	boiled eggs	boïld ègz
au jambon	ham and eggs	hæm ænd ègz
au lard	bacon and eggs	**béi**keunn ænd ègz
au plat	fried eggs	fraïd ègz
brouillés	scrambled eggs	**skræm**beuld ègz
durs	hard-boiled eggs	hââd boïld ègz
pain	bread	brèd
petits pains	rolls	rôôlz
toast	toast	tôôst
yogourt	yoghurt	**yo**gueut
Pouvez-vous m'apporter ...?	Could you bring me some ..., please?	koud yoû brinng mii samm ... pliiz
édulcorant	artificial sweetener	ââtificheul **soui**iteuneu
eau (chaude)	(hot) water	(hot) **ouoo**teu
poivre/sel	pepper/salt	**pè**peu/soolt
sucre	sugar	**chou**gueu

Qu'y a-t-il au menu? *What's on the menu?*

Nous avons divisé ce chapitre en suivant l'ordre habituel des plats. Sous chaque titre, vous trouverez une liste alphabétique des plats en anglais avec leur traduction française. En cas de besoin, vous pourrez montrer votre livre au garçon qui saura vous indiquer quels sont les mets servis dans son établissement. Vous trouverez en pages 35 à 37 des phrases et tournures usuelles. Enfin, des expressions en rapport avec l'addition et d'éventuelles réclamations se trouvent en pages 61 et 62.

	Page	
Hors-d'œuvres – Entrées	41	**Starters**
Salades	42	**Salads**
Potages – Soupes	43	**Soups**
Poissons et fruits de mer	44	**Fish and seafood**
Viande	45	**Meat**
Gibier et volaille	47	**Game and poultry**
Légumes	48	**Vegetables**
Epices et fines herbes	49	**Spices and herbs**
Sauces	49	**Sauces**
Pommes de terre, pâtes, riz	50	**Potatoes, pasta, rice**
Plats exotiques	50	**Exotic dishes**
Fromages	51	**Cheese**
Fruits	52	**Fruit**
Desserts	53	**Dessert**
Bière	55	**Beer**
Vin	56	**Wine**
Autres boissons alcoolisées	57	**Other alcoholic drinks**
Boissons sans alcool	58	**Nonalcoholic drinks**
Thé	59	**Tea**
Café	60	**Coffee**
Repas légers – Pique-nique	63	**Snacks – Picnic**

Pour lire la carte *Reading the menu*

Dish of the day	Plat du jour
Set menu	Menu à prix fixe
Speciality of the house	Spécialité de la maison
Home-made	Fait maison
Made to order	Sur commande seulement
... as a main dish	En plat principal
Side dish	Garniture
When available	Selon arrivage
When in season	En saison
Cover charge	Couvert
Minimum charge*	Consommation minimum

beer	bii^{eu}	bière
dessert	dizeût	dessert
drinks	drinnks	boissons
egg dishes	èg dichiz	plats aux œufs
fish	fich	poisson
fruit	froût	fruit
game	guéim	gibier
grills	grilz	grillades
meat	miit	viande
pasta	pasta	pâtes
potatoes	peutéitôôz	pommes de terre
poultry	pôôltri	volaille
rice	raïss	riz
salads	sæleudz	salades
sauces	sôôssiz	sauces
savouries	séiveuriz	entremets
seafood	siifoûd	fruits de mer
soups	soûps	soupes
starters	stââteuz	hors d'œuvre
stew	styoû	ragoût, potée
tea	tii	thé
vegetables	vèdjteubeulz	légumes
wine	ouaïn	vin

---

* Dans certains établissements, à certaines heures (généralement de 12 à 14 h.) une consommation minimum est exigée.

Hors d'œuvre – Entrées *Starters*

Sur la carte, la liste des entrées est indiquée sous la rubrique *Starters* (**stââ**teuz) ou *Hors d'œuvres*.

Je voudrais une entrée.	**I'd like some hors d'œuvres.**	aïd laïk samm oodeûvz
Que conseillez-vous?	**What do you recommend?**	ouot doû yoû rèkeumènd
anchovies	** æn**tcheuviz	anchois
artichoke	**ââ**titchôôk	artichaut
asparagus tips	eus**pæ**reugueuss tips	pointes d'asperges
assortment of starters	eu**soo**tmeunnt ov **stââ**teuz	hors d'œuvre variés
avocado	æveu**kââ**dôô	avocat
caviar	**kæ**viââ	caviar
cold cuts	**kôô**ld kats	assiette de charcuterie
cucumber	**kyoû**kammbeu	concombre
devilled eggs	**dè**vild ègz	œufs à la diable
dressed crab	**drè**ssd kræb	cocktail de crabe
(hard boiled) eggs	(**hââd boï**ld) ègz	œufs (durs)
fruit juice	froût **djoû**ss	jus de fruits
grapefruit	**gréip**froût	pamplemousse
orange	**o**rinndj	orange
pineapple	**paï**næpeul	ananas
(half a) grapefruit	(**haaf** eu) **gréip**froût	(demi) pamplemousse
ham	hæm	jambon
herring	**hè**rinng	hareng
soused herring	saousd **hè**rinng	hareng mariné
smoked herring	smôôkt **hè**rinng	hareng fumé
kipper	**ki**peu	hareng salé et fumé
liver sausage	**li**veu **so**ssidj	saucisse au foie
lobster	**lob**steu	homard
mackerel	**mæ**kreul	maquereau
soused mackerel	saousd **mæ**kreul	maquereau mariné
mayonnaise	méieu**néiz**	mayonnaise
melon	**mè**leunn	melon
mushrooms	**ma**chroûmz	champignons
mussels	**ma**sseulz	moules
omelette	**om**leut	omelette
oysters	**oï**steuz	huîtres
(stuffed) olives	(stafd) **o**livz	olives (farcies)
pâté	pæ**téi**	pâté
pickled tongue	**pi**keuld tanng	langue en saumure

prawns	proonz	crevettes
prawn cocktail	proon **koktéil**	cocktail de crevettes
radishes	**ræ**dichiz	radis
rollmops (herrings)	**rol**mops (**hè**rinngz)	harengs roulés
salmon	**sæ**meunn	saumon
smoked salmon	smôôkt **sæ**meunn	saumon fumé
sardines	sââ**diinz**	sardines
shrimps	chrimmps	petites crevettes
snails	snéilz	escargots
tomato juice	teu**mââtôô** djoûss	jus de tomate
tuna	**tyoû**neu	thon

Spécialités *Specialities*

angels on horseback	huîtres enroulées dans une tranche de lard,
(**é**indjeulz onn	grillées et servies sur toast
hoosbæk)	
jellied eels	anguilles en gelée (aspic)
(**djè**lid iilz)	
potted shrimps	crevettes en terrine
(**po**tid chrimmps)	

Salade *Salad*

En Angleterre, comme partout, les habitudes changent. La salade est souvent servie comme accompagnement du plat principal, mais peut très bien aussi constituer un repas à elle seule, surtout dans les *salad bars* et les *snacks*. Les deux classiques sont:

| green salad | griinn **sæ**leud | salade verte |
| tomato salad | teu**mââtôô sæ**leud | salade de tomates |

Et les sauces les plus courantes:

blue cheese dressing	faite avec du fromage «bleu»
(bloû tchiiz **drè**ssinng)	
French dressing	avec huile et vinaigre
(frèntch **drè**ssinng)	
Thousand Island dressing	à base de mayonnaise, relevée de
(θaouzeunnd **aï**leunnd **drè**ssinng)	paprika, chili et persil

Potages *Soups*

Les potages sont très appréciés en Grande-Bretagne et il est rare qu'un établissement n'en offre pas un choix même restreint.

Je voudrais un potage.	**I'd like some soup.**	aïd laïk samm soûp	
beef consommé	biif konnsoméi	consommé de bœuf	
beef and vegetable soup	biif ænd **vèdj**teubeul soûp	pot-au-feu	
broth	broθ	bouillon	
chicken consommé	tchikeunn konnsoméi	consommé de volaille	
chicken noodle soup	tchikeunn noûdeul soûp	consommé de volaille aux nouilles	
cock-a-leekie	kok eu **lii**ki	crème de volaille et de poireaux	
crab soup	kræb soûp	soupe au crabe	
crayfish bisque	**kré**ifich bisk	bisque d'écrevisses	
cream of asparagus soup	kriim ov eus**pæ**reu- gueuss soûp	crème d'asperges	
cream of celery soup	kriim ov **sè**leuri soûp	crème de céleri	
cream of mushroom soup	kriim ov **mach**roûm soûp	crème de champignons	
French onion soup	frèntch **an**nyeunn soûp	soupe aux oignons à la française	
game soup	guéim soûp	gibier, légumes variés et vin	
lobster soup	**lob**steu soûp	crème de homard	
mock turtle soup	mok **teû**teul soûp	faux consommé à la tortue (à base de tête de veau)	
mulligatawny soup	maligueu**too**ni soûp	soupe au curry, avec viande, légumes et riz	
mussel soup	**mas**seul soûp	soupe aux moules	
pea soup	pii soûp	soupe aux petits pois	
Scotch broth	skotch broθ	à base de viande d'agneau et de légumes	
soup of the day	soûp ov ðeu déi	potage du jour	
spinach soup	**spi**nitch soûp	soupe aux épinards	
tomato soup	teu**mââ**tôô soûp	potage à la tomate	
vegetable soup	**vèdj**teubeul soûp	soupe aux légumes	

Poissons et fruits de mer *Fish and seafood*

Quelle(s) sorte(s) de poisson/fruits de mer avez-vous?	**What kind of fish/seafood do you have?**	ouot kaïnd ov fich/ siifoûd doû yoû hæv
anchovies	æntcheuviz	anchois
clams	klæmz	palourdes
cockles	kokeulz	clovisses
cod	kod	cabillaud
crab	kræb	crabe
crayfish	kréifich	écrevisse
eel	iil	anguille
flounder	flaoundeu	flet
haddock	hædeuk	aiglefin
halibut	hælibeut	flétan
herring	hèrinng	hareng
lobster	lobsteu	homard
mackerel	mækreul	maquereau
(red) mullet	(rèd) malit	rouget
mussels	masseulz	moules
oysters	oïsteuz	huîtres
perch	peûtch	perche
pike	païk	brochet
plaice	pléiss	plie
prawns	proonz	crevettes
(smoked) salmon	(smôôkt) sæmeunn	saumon (fumé)
sardines	sââdiinnz	sardines
scallops	skæleups	coquilles Saint-Jacques
shrimps	chrimmps	petites crevettes
sole	sôôl	sole
squid	skouid	calmar
trout	traout	truite
tuna	tyoûneu	thon
turbot	teûbeut	turbot
whiting	ouaïtinng	merlan

cuit au four	**baked**	béikt
cuit à la vapeur	**steamed**	stiimd
frit	**(deep) fried**	(diip) fraïd
fumé	**smoked**	smôôkt
grillé	**grilled**	grild
mariné	**marinated**	mærinéitid
pané	**breaded**	brèdid
poché	**poached**	pôôtcht

Viande   *Meat*

Les Anglais apprécient particulièrement la qualité du bœuf écossais, dont ils font leur fameux *roast beef*. L'agneau, réputé lui aussi, est souvent accompagné de *mint sauce* (minnt sooss), sauce à base de feuilles de menthe fraîche, hachées et portées à ébullition dans un bon vinaigre.

Avec la viande froide, les Anglais font une grande consommation de *mixed pickles* (mikst **pi**keulz), mélange de petits morceaux de légumes conservés dans le vinaigre.

Je voudrais du ...	I'd like some ...	aïd laïk samm
agneau/bœuf	**lamb/beef**	læm/biif
porc/veau	**pork/veal**	pook/viil
bacon	**béikeunn**	lard
beef olives	**biif olivz**	paupiettes de bœuf
beef royal	**biif roïeul**	bœuf en gelée
black pudding	**blæk poudinng**	boudin
chitterlings	**tchiteulinngz**	andouilles
chop/cutlet	**tchop/katlèt**	côtelette
escalope	**éskeulop**	escalope
fillet	**filit**	filet, aloyau
gammon	**gæmeunn**	lard fumé
(smoked) ham	**(smôôkt) hæm**	jambon (fumé)
kidneys	**kidniz**	rognons
larded roast	**lââdid rôôst**	rôti lardé
leg (of lamb)	**lèg (of læm)**	gigot (d'agneau)
liver	**liveu**	foie
meatballs	**miitboolz**	boulettes de viande
minced meat	**minnst miit**	viande hachée
mutton	**mateunn**	mouton
oxtail	**okstéil**	queue de bœuf
pig's head/ trotters	**pigz hèd/troteuz**	tête/pieds de cochon
Porterhouse steak	**pooteuhaouss stéik**	steak particulièrement épais et tendre
pot roast	**pott rôôst**	rôti à l'étouffée
rabbit	**ræbit**	lapin
saddle	**sædeul**	selle
sausage	**sossidj**	saucisse
shank	**chænk**	jarret
sirloin	**seûloïn**	aloyau, faux-filet
sucking pig	**sakinng pig**	cochon de lait

sweetbreads	**souiit**brèdz	ris de veau
tenderloin	**tèn**deuloïn	filet de bœuf
		ou porc
tongue	tanng	langue

Comment aimez-vous la viande?

à la broche	**barbecued**	bââbeukyoûd
bouillie	**boiled**	boïld
braisée	**braised**	bréizd
farcie	**stuffed**	stafd
frite	**fried**	fraïd
froide	**cold**	kôôld
grillée	**grilled**	grild
hachée	**minced**	minnst
lardée	**larded**	lââdid
en ragoût	**stewed**	styoûd
rôtie	**roast**	rôôst
bleue	**very rare**	vèri rè^{eu}
saignante	**underdone**	anndeudann
à point	**medium**	miidieum
bien cuite	**well-done**	ouèl dann

Quelques spécialités *Typical meat dishes*

Irish stew
(aïrich styoû)
ragoût de mouton, pommes de terre et oignons

Lancashire hot-pot
(lænkeucheu hott pott)
côtelettes et rognons d'agneau, pommes de terre et oignons cuits au four

Shepherd's pie
(chèpeudz païl)
viande hachée de bœuf ou d'agneau avec des oignons, nappée d'une couche de purée de pommes de terre

steak and kidney pie
(stéik ænd **kid**ni païl)
un des plats les plus traditionnels fait d'un mélange de morceaux de bœuf et de rognons, cuit au four, sous un couvercle de pâte

toad in the hole
(tôôd inn ðeu hôôl)
saucisse de porc enrobée de pâte à frire

Le plat qui accompagne généralement le *roast beef* est le:

Yorkshire pudding
(**yook**cheu **pou**dinng)
pâte à base d'œufs, cuite au four, coupée en carrés et servi très chaud

Gibier et volailles *Game and poultry*

Le «Grand Douze» (au mois d'août) est la date la plus importante pour les chasseurs britanniques. Elle marque l'ouverture de la chasse à la grouse, volatile très recherché qui a un goût plus prononcé que le faisan.

Je voudrais du gibier.	I'd like some game.	aïd laïk samm géim
capon	**kéi**peunn	chapon
chicken	**tchik**eunn	poulet
breast/leg/wing	**brèst/lèg/ouinng**	blanc/cuisse/aile
barbecued chicken	**bââ**beukyoûd **tchik**eunn	poulet à la broche
duck	dak	canard
duckling	**dak**linng	canardeau
goose	goûss	oie
grouse	graouss	grouse (sorte de coq de bruyère propre à l'Écosse)
guinea fowl	**gui**ni faoul	pintade
hare	hè^{eu}	lièvre
jugged hare	djagd hè^{eu}	civet de lièvre
partridge	**pââ**tridj	perdrix
pheasant	**fè**zeunnt	faisan
pigeon	**pi**djeunn	pigeon
quail	kouéil	caille
teal	tiil	sarcelle
turkey	**teû**ki	dinde
venison	**vè**nisseunn	chevreuil
wild boar	ouaïld boo	sanglier
woodcock	**woud**kok	bécasse

Spécialités *Specialities*

grouse and chicken pie
(graouss ænd **tchik**eunn païe)

sous un couvercle de pâte, mélange de coq de bruyère, poulet, oignons et vin rouge bien assaisonné, cuit au four.

partridge pie
(**pââ**tridj païe)

morceaux de perdrix, veau et porc hachés bien assaisonnés, cuits au four dans une terrine.

pheasant roast
(**fè**zeunnt rôôst)

faisan farci d'un fin mélange de pommes, oignons, jus de citron, beurre et huile d'olive, le tout bien relevé.

Légumes   *Vegetables*

Quels légumes avez-vous?	**What vegetables do you have?**	ouot **védj**teubeulz doû yoû hæv
artichokes	**ââ**tichôôks	artichauts
asparagus (tips)	euspæreugueus (tips)	asperges (pointes)
aubergine	**ôô**beujiinn	aubergine
beetroot	**bii**troût	betterave
Brussel sprouts	**brasseul** spraouts	choux de Bruxelles
cabbage	**kæ**bidj	chou
carrots	**kæ**reuts	carottes
cauliflower	**koli**flaou^{eu}	chou-fleur
celery	**sè**leuri	céleri
chicory	**tchi**kori	endive
courgette	kou^{eu}**jèt**	courgette
cucumber	**kyoû**kammb^{eu}	concombre
endive	**èn**daïv	chicorée
fennel	**fè**neul	fenouil
French beans	**frèntch** biinnz	haricots verts
leeks	**liiks**	poireaux
lentils	**lèn**tilz	lentilles
lettuce	**lè**tiss	laitue
mixed vegetables	mikst **vèdj**teubeulz	jardinière de légumes
mushrooms	**machroûmz**	champignons
onions	**annyeunnz**	oignons
peas	**piiz**	petits pois
peppers	**pè**peuz	poivrons
potatoes	peu**téi**tôôz	pommes de terre
pumpkin	**pamm**kinn	citrouille, potiron
radishes	**ræ**dichiz	radis
spinach	**spi**nitch	épinards
sweetcorn	**souiit**koon	maïs
tomatoes	teu**mââ**tôôz	tomates
turnips	**teû**nips	navets
vegetable marrow	**vèdj**teubeul mærôô	courge

On sert les légumes:

bouillis	**boiled**	boïld
à la crème	**creamed**	kriimd
cuits au four	**baked**	béikt
farcis	**stuffed**	staft
grillés	**grilled**	grild
en purée	**mashed**	mæchd
à la vapeur	**steamed**	stiimd

Epices et fines herbes *Spices and herbs*

aniseed	**æ**nisiid	anis
basil	**bæ**zil	basilic
bay leaf	béi liif	laurier
capers	**kéi**peuz	câpres
caraway	**kæ**reuouéi	cumin
chives	tchaïvz	ciboulette
cinnamon	**si**neumeunn	canelle
dill	dil	fenouil, aneth
garlic	**gââ**lik	ail
ginger	**djinn**djeu	gingembre
gherkins	**gueû**kinnz	cornichons
horseradish	**hoos**srædich	raifort
mint	minnt	menthe
nutmeg	**nat**mèg	noix de muscade
paprika	**pæ**prikeu	paprika
parsley	**pââ**sli	persil
pepper	**pè**peu	poivre
rosemary	**rôô**zmeuri	romarin
saffron	**sæ**freunn	safran
sage	**séï**dj	sauge
shallot	**chæ**lot	échalote
tarragon	**tæ**reugueunn	estragon
thyme	taïm	thym

Sauces *Sauces*

bread sauce
(brèd sooss)
sauce blanche épaisse à base de lait, mie de pain, oignons et épices. Elle est servie avec du gibier ou de la volaille.

chutney
(tchatni)
d'origine indienne, à base de légumes, fruits, vinaigre, sucre et différentes épices.

Cumberland sauce
(kammbeulænd sooss)
à base de jus et zestes d'orange et citron, vinaigre, moutarde, gelée de groseilles rouges et différentes épices. Servie avec l'agneau, le gibier ou la volaille.

gooseberry sauce
(gôuzberry sooss)
à base de groseilles à maquereau, servie avec le porc, l'oie ou certains poissons.

gravy
(gréivi)
sauce faite avec le jus de la viande.

mint sauce
(minnt sooss)
feuilles de menthe fraîche hachées, portées à ébullition dans un bon vinaigre avec une pincée de sucre. Accompagne l'agneau.

Pommes de terre, pâtes, riz   *Potatoes, pasta, rice*

chips*	tchips	pommes frites
macaroni	mækeurôôni	macaroni
macaroni cheese	mækeurôôni tchiiz	gratin de pâtes et fromage
pasta	pasta	pâtes, nouilles
potatoes	peutéitôôz	pommes de terre
baked	béikt	rôties
fried	fraïd	frites
mashed	mæcht	en purée
rice	raïss	riz
boiled	boïld	créole
fried	fraïd	revenu au beurre

Quelques plats exotiques   *Some exotic dishes*

Le rapport qualité-prix de la cuisine indienne est bon. Par contre, elle peut être trop épicée pour nos palais, spécifiez donc par prudence: *not too hot* (not toû hot) ou *mild* (maïld)!

Prenez aussi note des trois sortes de curry qui entrent dans la préparation des sauces, viandes et volailles. Le moins fort est le *Korma*, le *Madras* est déjà plus relevé; quant au *Vindaloo* il vous emporte la bouche! Voici deux plats indiens:

Tandoori chicken (tændoûri tchikeunn)	poulet mariné avec une sauce au chili, yoghourt et épices diverses.
Biriani (biriââni)	riz au safran avec une sauce au curry et aux lentilles.

… et une spécialité chinoise:

pork and bamboo shoots (pook ænd bæmboû choûts)	viande de porc mélangée à des pousses de bambou.

La viande ou la volaille sont souvent servies *sweet and sour* (à l'aigre-doux), avec en accompagnement des *chow mein*, sorte de nouilles rôties ou du *special fried rice* (riz avec des petits pois).

---

* On utilise aussi l'expression américaine *french fries* (frèntch fraïz).

Fromages   *Cheese*

En Angleterre, le fromage s'il est au menu est servi après le dessert, mais avant les fruits frais. Presque tous les fromages français sont maintenant importés, de même que les fromages hollandais, suisses ou danois. Mais nous vous conseillons de goûter les fromages anglais mentionnés ci-dessous.

Caerphilly (kæ^{eu}fili)	une pâte blanche, mi-dure qui s'effrite. Meilleur frais, il ne faut pas le laisser vieillir.
Cheddar (tchèdeu)	pâte onctueuse de couleur orange pâle. C'est mûr qu'il est le meilleur.
Cheshire (tchècheu)	un des fromages anglais les plus connu: doux, de couleur jaune-orange, il a une pâte friable et un goût légèrement salé.
Double Gloucester (dabeul glosteu)	fromage à pâte dure très connu; de couleur jaune or et de goût bien relevé.
Leicester (lèsteu)	fromage rouge-orange, doux.
Sage Derby (séidj deûbi)	fromage mi-dur contenant des feuilles de sauges.
Stilton (stilteunn)	le roi des fromages anglais. Le *blue Stilton* est un fromage bleu et fort, le *white Stilton* est blanc et doux. C'est de novembre à avril qu'il est le meilleur.
Wensleydale (ouènzlidéil)	fromage crémeux blanc ou bleu.

Quelques spécialités:

Caerphilly pudding (kæ^{eu}fili poudinng)	Caerphilly, cuit avec du lait, de l'œuf, du beurre et de la panure.
Cheese with ale (tchiiz ouiô éil)	un mélange de Gloucester doux, de bière et de moutarde, chauffé et servi sur du pain noir.
Cheese savoury (tchiiz séiveuri)	mélange de Cheddar râpé, de lait, beurre et bière, chauffé et servi sur toast.

Quelques adjectifs qualifiant le fromage:

crumbly	krambli	friable
curd	keûd	frais
mild	maïld	doux
mature	meutyou^{eu}	fait, mûr

Fruits *Fruit*

Avez-vous des fruits frais?	**Do you have any fresh fruit?**	doû yoû hæv èni frèch froût
Je voudrais une salade de fruits.	**I'd like a fruit salad.**	aïd laïk eu froût sæleud
almonds	**ââ**meunndz	amandes
apple	**æ**peul	pomme
apricots	**éi**prikots	abricots
banana	beun**ââ**neu	banane
bilberries	**bil**beuriz	myrtilles
blackberries	**blæk**beuriz	mûres
black currants	blæk **ka**reunnts	cassis
blueberries	**bloû**beuriz	myrtilles
cherries	**tchè**riz	cerises
chestnuts	**tchèss**nats	châtaignes
coconut	**kôô**keunat	noix de coco
dates	**déi**ts	dattes
dried fruit	draïd froût	fruits séchés
figs	figz	figues
gooseberries	**goûz**beuriz	groseilles à maquereau
grapefruit	**gréip**froût	pamplemousse
grapes	**gréi**ps	raisins
hazelnuts	**héi**zeulnats	noisettes
lemon	**lè**meunn	citron
lime	laïm	citron vert
melon	**mè**leunn	melon
nectarine	**nèk**teuriinn	brugnon (nectarine)
orange	**o**rinndj	orange
peach	piitch	pêche
peanuts	**pii**nats	cacahuètes
pear	pè**eu**	poire
pineapple	**paï**næpeul	ananas
plums	plamz	prune
prunes	proûnz	pruneaux
quince	**kouinn**ss	coing
raisins	**réi**zeunnz	raisins secs
raspberries	**rââz**beuriz	framboises
red currants	rèd **ka**reunnts	groseilles rouges
rhubarb	**roûbââb**	rhubarbe
strawberries	**stroo**beuriz	fraises
sultanas	salt**ââ**neuz	raisins de Smyrne
tangerine	**tænn**djeuriinn	mandarine
walnuts	**ouool**nats	noix
watermelon	**ouoo**teumèleunn	pastèque

Desserts   *Dessert*

Les Anglais raffolent de gâteaux, puddings et tartes aux fruits qu'ils servent chaudes ou froides avec de la crème fraîche et du sucre. Sur la carte figurent quantité de desserts avec *custard* (**ka**steud). C'est une crème à base d'œufs, de lait et de sucre, parfumée à la vanille.

Je voudrais un dessert, s.v.p.	**I'd like a dessert, please.**	aïd laïk eu di**zeût** pliiz
Je voudrais goûter...	**I'd like to try ...**	aïd laïk tou traï
Quelque chose de léger, s.v.p.	**Something light, please.**	**samm**θinng laït pliiz
Juste une petite portion.	**Just a small portion.**	djast eu smool **poo**cheunn

Quelques spécialités:

apple crumble (**æ**peul **kramm**beul)	tourte aux pommes, recouverte d'un mélange de sucre brut, canelle et beurre.
blackberry and apple pie (**blæck**beuri ænd **æ**peul païl)	tarte aux mûres et aux pommes (mais comme pour tous les *pies*, la pâte est mise dessus et non dessous).
Christmas pudding (**kris**meus **pou**dinng)	spécialité typiquement anglaise, demandant une longue préparation. A base de fruis confits, raisins secs, œufs, sucre, lait, miettes de pain, rhum ou cognac.
fools (foûlz)	mousses aux fruits rafraîchissantes; la *gooseberry fool* (voir p. 52) est la plus réputée.
fruit sundae (froût **sann**déi)	glaces aux fruits, garnies de crème fouettée.
treacle tart (**trii**keul tâât)	tarte à la mélasse.
trifle (**träi**feul)	charlotte russe, sur biscuit de Savoie imbibée de sherry et mise en gelée.
summer pudding (**sa**meu **pou**dinng)	pain blanc trempé dans du jus de petits fruits, mis au frais et servi souvent avec de la crème.
syllabub (**si**leubab)	vin ou bière, sucre et épices sont cuits ensemble, mélangés à de la crème fouettée et mis au frais.

Voici encore quelques suggestions:

apple pie	æpeul paï	tarte aux pommes
blancmange	bleumange	blanc-manger (flan au lait, amandes et sucre)
crème caramel	krèm kæreumèl	crème caramel
cheesecake	tchiizkéik	gâteau au fromage frais garni en général de fruits
cherry pie	tchèri paï	tarte aux cerises
chocolate pudding	tchoklit poudinng	pudding au chocolat
cream	kriim	crème
whipped cream	ouipt kriim	crème Chantilly
doughnut	dôônat	boule de Berlin
flan	flæn	gâteau aux fruits
fritters	friteuz	beignets
fresh fruit	frèch froût	fruits frais
fruit salad	froût sæleud	salade de fruits
ice-cream	aïsskriim	glace
jelly	djèli	sorte de gelée colorée aux arômes artificiels
lemon meringue pie	lèmeunn meuræng paï	tarte au citron meringuée
meringue	meuræng	meringue
pancakes	pænkéiks	crêpes
pastry	péistri	pâtisserie
peaches and cream	piitchiz ænd kriim	pêches avec crème
rice-pudding	raïsspoudinng	riz au lait
sponge cake	sponndj kéik	biscuit léger genre Savoie
tapioca pudding	tæpiôôkeu poudinng	tapioca au lait
tart	tâât	tarte
waffles	ouofeulz	gaufres

Ne pas oublier, enfin, les glaces (*ice-cream* – **aïss**kriim) aux parfums variés:

cassata	keusââteu	cassata
chocolate	tchokleut	chocolat
coffee	kofi	café, mocca
lemon	lèmeunn	citron
pistachio	pistââchôô	pistache
raspberry	rââzbeuri	framboise
strawberry	stroobeuri	fraise
vanilla	veunileu	vanille

Boissons *Drinks*

Bière *Beer*

La bière est, après le thé, la boisson la plus populaire en Grande-Bretagne. Il n'est pas rare d'en trouver un choix d'au moins une vingtaine dans le même pub.

Stout (staout) est une bière brune, forte, dont la marque la plus connue est la Guinness (**gui**niss) irlandaise. La *bitter* (**bi**teu) est appréciée et réputée pour son goût caractéristique de houblon. La *mild* (maïld), de couleur brun-rouge est plus douce. Enfin la *lager* (**lââ**gueu) blonde s'apparente aux bières continentales. *Bitter* ou *mild*, la bière se sert généralement sans faux-col et jamais glacée.

Ale (éil), mot ancien, désignait à l'origine tout alcool contenant du malt. L'appellation *beer* (bi^{eu}) s'est répandue quand on a ajouté du houblon pour corser le goût.

Vous avez le choix entre la bière en bouteille (*bottled beer* – **bo**teuld bi^{eu}) et la bière pression (*draught beer* – drââft bi^{eu}). Cette dernière est servie en verres d'une pinte (*pint* – païnt), environ 0,6 litre, ou d'une demi-pinte (*half-pint* – hââf païnt), environ 0,3 litre.

Qu'aimeriez-vous boire?	**What would you like to drink?**	ouot woud yoû laïk tou drinnk
Je prendrais une bière, s.v.p.	**I'd like a beer, please.**	aïd laïk eu bi^{eu} pliiz
Prenez une bière!	**Have a beer!**	hæv eu bi^{eu}
Une bouteille de blonde, s.v.p.	**A bottle of lager, please.**	eu boteul ov **lââ**gueu pliiz
Une pinte de douce, s.v.p.	**A pint of mild, please.**	eu païnt ov maïld pliiz

N.B. *Ginger ale* ou *ginger beer* (**djinn**djeu éil ou **djinn**djeu bi^{eu}) n'a rien à voir avec de la bière. Il s'agit d'une boisson sans (ou presque sans) alcool, au goût de gingembre.

Vin *Wine*

Les Anglais ont de tout temps eu un faible pour le Bordeaux qu'ils appellent *claret* (**klæ**reut). On peut aussi obtenir d'autres bons vins importés de France, d'Italie, d'Allemagne, d'Espagne, du Portugal et de Yougoslavie, en particulier dans les *wine bars* (voir page 34). Quant au vignoble anglais, il progresse, lui aussi, en particulier dans le sud du pays, mais également plus au nord dans le Lincolnshire. Dans les restaurants, le *house wine* (haouss ouaïn – vin de la maison ou réserve du patron), servi en carafe est généralement bon.

Puis-je avoir la carte des vins?	**May I have the wine list, please?**	méi aï hæv ðeu ouaïn list pliiz
Je voudrais un(e) ... de vin blanc/vin rouge.	**I'd like ... of white wine/red wine.**	aïd laïk ... ov ouaït ouaïn/rèd ouaïn
bouteille	**a bottle**	eu boteul
demi-bouteille	**half a bottle**	hââf eu boteul
carafe	**a carafe**	eu keurââf
petite carafe	**a small carafe**	eu smool keurââf
verre	**a glass**	eu glââss
Combien coûte une bouteille de champagne?	**How much is a bottle of champagne?**	haou match iz eu boteul ov chæmpéin
Apportez-moi un(e) autre bouteille/verre de ..., s.v.p.	**Bring me another bottle/glass of ..., please.**	brinng mii eunaðeu boteul/glââss ov ... pliiz
De quelle région vient ce vin?	**Where does this wine come from?**	ouèᵉᵘ daz ðiss ouaïn kamm fromm

rouge	**red**	rèd
blanc	**white**	ouaït
rosé	**rosé**	«rosé»
doux	**sweet**	souiit
sec	**dry**	draï
mousseux	**sparkling**	spââklinng
glacé	**chilled**	tchild
chambré	**at room temperature**	æt roûm tèmpritcheu

Autres boissons alcoolisées   *Other alcoholic drinks*

En apéritif, les Anglais boivent volontiers un *gin and tonic* (djinn ænd **ton**nik), un *bloody Mary* (**bla**di **mè**^{eu}ri) qui est un mélange de vodka et de jus de tomate, un *dry martini* ou du *sherry*.

Le whisky est, avec la bière, l'alcool le plus prisé au Royaume-Uni. Si vous commandez simplement un whisky, on vous servira normalement un *scotch* (skotch), mélange de whisky écossais à base de malt d'orge et de céréales. Le whisky irlandais, *Irish whiskey* (** aï**rich **oui**ski), au goût plus doux contient en plus de l'orge, du seigle, de l'avoine et du froment.

La quantité d'alcool par verre est réglementée par la loi. Vous pouvez demander *a single* (eu **sinn**gueul – un simple) ou *a double* (eu **da**beul – un double).

Je prendrai un whisky, s.v.p.	**I'll have a whisky, please.**	aïl hæv eu **oui**ski pliiz
Sec/Avec de la glace.	**Neat/On the rocks.**	niit/onn ðeu roks
Deux simples et un double, s.v.p.	**Two singles and a double, please.**	toû **sinn**gueulz ænd eu **da**beul pliiz
Je voudrais ...	**I'd like some ...**	aïd laïk samm
cognac	**brandy**	**bræn**di
eau-de-vie (de prunes)	**(plum) brandy**	(plamm) **bræn**di
liqueur	**liqueur**	li**kyoû**eu
porto	**port**	poot
rhum	**rum**	ramm
vermouth	**vermouth**	ve**ûm**euθ
vodka	**vodka**	**vodka**
xérès	**sherry**	**chè**ri
Donnez-moi un grand gin-tonic, s.v.p.	**Give me a large gin and tonic, please.**	guiv mii eu lââdj djinn ænd **ton**nik pliiz
Avec un tout petit peu d'eau gazeuse.	**Just a dash of soda, please.**	djast eu dæch ov **sô**ôdeu pliiz
Je voudrais deux rhums-coca-cola.	**I'd like two rum and cokes.**	aïd laïk toû ramm ænd kôôks

| Je voudrais un verre de xérès. | **I'd like a glass of sherry.** | aïd laïk eu glâass ov chèri |

CHEERS!
(tchii^{eu}z)
SANTÉ!

Peut-être vous laisserez-vous tenter par un verre de *cider* (**saï**deu – cidre) ou une *cider cup* (**saï**deu kap), un mélange de cidre, d'épices, de sucre et de glace.

Boissons sans alcool *Nonalcoholic drinks*

Je voudrais un/une ...	**I'd like ...**	aïd laïk
boisson sans alcool	**a soft drink**	eu soft drinnk
eau minérale	**some mineral water**	samm **mi**neureul **ouoo**teu
gazeuse	**fizzy**	fizi
non-gazeuse	**still**	stil
jus de fruits	**some fruit juice**	samm froût djoûss
ananas	**pineapple juice**	**paï**næpeul djoûss
citron	**lemon juice**	**lè**meunn djoûss
orange	**orange juice**	**o**rinndj djoûss
pamplemousse	**grapefruit juice**	**gréip**froût djoûss
pomme	**apple juice**	**æ**peul djoûss
tomate	**tomato juice**	teu**mââtôô** djoûss
limonade	**some lemonade**	samm lèmeun**éid**
thé froid	**some iced tea**	samm aïst tii
verre d'eau	**a glass of water**	eu glâass ov **ouoo**teu

Goûtez peut-être aussi ...

blackcurrant juice	**blæk**kareunnt djoûss	jus de cassis
ginger ale	**djinn**djeu éil	boisson au goût de gingembre
lemon squash	**lè**meunn skouoch	citronnade
orange squash	**o**rinndj skouoch	orangeade
lime juice	laïm djoûss	jus de citron vert

L'heure du thé *Tea-Time*

Vous pouvez obtenir une tasse de thé, qui reste la boisson britannique par excellence, pratiquement n'importe où et à n'importe quelle heure. Il est généralement fort et servi avec du lait.

L'*afternoon tea* (**ââf**teunoûn tii) est une survivance du bon vieux temps où l'on avait tout loisir de savourer longuement un véritable goûter au milieu de l'après-midi. C'est un plaisir que la plupart des Anglais ne peuvent plus s'offrir qu'en fin de semaine ou en vacances. Par contre le *tea-break* (**tii**bréik – pause thé) du matin et de l'après-midi est un droit absolu respecté partout.

Les étrangers ne devraient pas manquer de savourer l'*afternoon tea* dans une auberge de campagne ou un *tea-room* (**tii**roûm – salon de thé). Il y est servi avec des sandwiches coupés en triangles et garnis de concombre, de jambon, de fromage ou de tomate, suivis de *muffins* (**ma**finnz) ou de *scones* (skonnz), sorte de petits pains doux généralement tièdes et tartinés de crème fraîche et (ou) de confiture. Et, pour terminer, un riche assortiment de gâteaux et de tartes aux fruits. Dans les bonnes maisons qui se respectent, tout est évidemment *home-made* (hôôm méid – fait maison).

Du thé pour quatre, s.v.p.	**A pot of tea for four, please.**	eu pott ov tii foo foo pliiz
Un thé citron, s.v.p.	**A cup of tea with lemon, please.**	eu kap ov tii ouiθ lèmeunn pliiz
Avec du lait, s.v.p.	**With milk, please.**	ouiθ milk pliiz
Pas de lait, s.v.p.	**No milk, please.**	nôô milk pliiz
Du sucre, s.v.p.	**Some sugar, please.**	samm **chou**geu pliiz
Je voudrais ...	**I'd like some ...**	aïd laïk samm
beurre	**butter**	**ba**teu
biscuits	**biscuits**	**bis**kits
confiture	**jam**	djæm
gâteau	**cake**	kéik
aux fruits	**fruit cake**	froût kéik
macarons	**macaroons**	makeu**roûnz**

miel	**honey**	hani
pain	**bread**	brèd
pain d'épice	**gingerbread**	djinndjeubrèd

Autres spécialités à savourer à l'heure du thé:

Bakewell tart (béikouèl tâât)	pâte recouverte de confiture, d'amandes, de beurre et de sucre, cuite au four et servie chaude avec de la crème.	
bread and butter pudding (brèd ænd **bateu poudinng**)	pain perdu avec raisins secs et fruits confits cuits dans un mélange de lait, d'œufs, de sucre et de cannelle.	
buns (bannz)	brioche sucrée et épicée, avec des raisins secs.	
crumpets (krammpits)	petits pains en pâte levée, servis chauds et beurrés.	
shortbread (chootbrèd)	biscuits au beurre (spécialité d'Ecosse).	

Café   *Coffee*

Je voudrais une tasse de café, s.v.p.	**I'd like a cup of coffee, please.**	aïd laïk eu kap ov **kofi** pliiz
café au lait	**white coffee**	ouaït **kofi**
café noir	**black coffee**	blæk **kofi**
café express	**espresso**	èsprèssôô
café glacé	**iced coffee**	aïst **kofi**
décaféiné	**decaffeinated coffee**	dikæfinéitid **kofi**

... et pour les jours froids:

Irish coffee (aïrich **kofi**)	café noir très fort avec du sucre, de la crème et du whisky irlandais.

Crème et lait   *Cream and milk*

cream	kriim	crème
double cream	dabeul kriim	double crème
single cream	sinngueul kriim	crème simple
sour cream	saou^{eu} kriim	crème aigre
whipped cream	ouipt kriim	crème Chantilly
milk	milk	lait
skimmed milk	skimmd milk	lait allégé

Réclamations *Complaints*

Il manque un verre/une assiette.	There's a glass/a plate missing.	ðè^{eu}z eu glââss/eu pléit missinng
Je n'ai pas de couteau/fourchette/cuillère.	I don't have a knife/fork/spoon.	aï dôônt hæv eu naïf/fook/spoûn
Ce n'est pas ce que j'ai commandé.	That's not what I ordered.	ðæts not ouot aï oodeud
J'ai demandé ...	I asked for ...	aï ââskt foo
Il doit y avoir une erreur.	There must be some mistake.	ðè^{eu} mast bii samm mistéik
Pouvez-vous m'apporter autre chose?	May I change this?	méi aï tchéinndj ðiss
J'ai demandé une petite portion (pour l'enfant).	I asked for a small portion (for the child).	aï ââskd foo eu smool poocheun (foo ðeu tchaïld)
La viande est ...	The meat is ...	ðeu miit iz
trop cuite	overdone	ôôveudann
pas assez cuite	underdone	anndeudann
trop dure	too tough	toû taf
C'est trop ...	This is too ...	ðiss iz toû
aigre	sour	saou^{eu}
amer	bitter	biteu
salé	salty	soolti
sucré	sweet	souiit
Je n'aime pas ceci.	I don't like this.	aï dôônt laïk ðiss
C'est froid.	The food is cold.	ðeu foûd iz kôôld
Ce n'est pas frais.	This isn't fresh.	ðiss izeunnt frèch
Pourquoi l'attente est-elle si longue?	What's taking so long?	ouots téikinng sôô lonng
Avez-vous oublié nos boissons?	Have you forgotten our drinks?	hæv yoû feugoteunn aou^{eu} drinnks
Le vin a un goût de bouchon.	The wine is corked.	ðeu ouaïn iz kookt
Ce n'est pas propre.	This isn't clean.	ðiss izeunnt kliin
Appelez le maître d'hôtel, s.v.p.	Would you call the head waiter, please?	woud yoû kool ðeu hèd ouéiteu pliiz

L'addition   *The bill*

Si cela n'est pas clairement spécifié sur la carte, le service n'est pas compris et il faut compter de 10 à 15% de pourboire.

L'addition, s.v.p.	**The bill, please.**	ðeu bil pliiz
Je voudrais payer.	**I'd like to pay.**	aïd laïk tou péi
Nous payons chacun notre part.	**We'd like to pay separately.**	ouiid laïk tou péi sèpreutli
A quoi correspond ce montant?	**What is this amount for?**	ouot iz ðiss eumaount foo
Je crois qu'il y a une erreur dans l'addition.	**I think there is a mistake in the bill.**	aï θinnk ðèeu iz eu mistéik inn ðeu bil
Le service est-il compris?	**Is service included?**	iz seûviss innkloûdid
Le couvert est-il compris?	**Is the cover charge included?**	iz ðeu kaveu tchââdj innkloûdid
Est-ce que tout est compris?	**Is everything included?**	iz èvriθinng innkloûdid
Acceptez-vous les chèques de voyage/ eurochèques?	**Do you accept traveller's cheques/ Eurocheques?**	doû yoû æksèpt træveuleuz tchèks/ yoûrôôtchèks
Puis-je payer avec cette carte de crédit?	**Can I pay with this credit card?**	kæn aï péi ouiθ ðiss krèdit kââd
Gardez la monnaie.	**Keep the change.**	kiip ðeu tchéindj
C'était un très bon repas.	**That was a very good meal.**	ðæt ouoz eu vèri goud miil
Nous nous sommes régalés, merci.	**We enjoyed it, thank you.**	ouii èndjoïd it θænk you

---

SERVICE INCLUDED
SERVICE COMPRIS

POURBOIRES, voir 3ème page de couverture

Repas légers – Pique-nique   *Snacks – Picnic*

Les Anglais mangent rarement un repas complet à midi. Profitez-en pour goûter une portion du célèbre *fish and chips* (fich ænd tchips), filets de cabillaud, flétan, merlan ou plie servis avec des frites. Goûtez aussi une *sausage roll* (**sos**sidj rôôl – saucisse chaude enrobée de pâte) ou un *pork pie* (pook païe – pâté en croûte au porc) ou enfin un *spring roll* (sprinng rôôl – rouleau de printemps) que vous mangerez sur un banc dans un parc.

Donnez m'en un, s.v.p.	**I'll have one of these, please.**	aïl hæv ouann ov ðiiz pliiz
C'est pour emporter.	**It's to take away.**	its tou téik eu**ouéi**

Dans un snack-bar ou une cafétéria, vous trouverez aussi:

croque-monsieur	**toasted cheese and ham sandwich**	tôôstid tchiiz ænd hæm **sæn**ouidj
hamburgers	**hamburgers**	**hamm**beûgueuz
œufs brouillés	**scrambled eggs**	**skræm**beuld ègz
œufs aux plats	**fried eggs**	fraïd ègz
pâté à la viande	**meat pie**	miit païe
pommes chips	**crisps**	krisps
pommes frites	**chips**	tchips
poulet rôti	**roast chicken**	rôôst **tchi**keunn
saucisses (rôties)	**sausages**	**sos**sidjiz

... et peut-être des spécialités telles que:

Cornish pasty (**koo**nich **péi**sti)	pâté en croûte à base de viande, rognons, pommes de terre et oignons.
Scotch egg (skotch èg)	œuf dur, enrobé dans une pâte faite de jambon, de mie de pain et d'épices, frit.
Welsh rarebit (ouèlch ræ**eu**bit)	croûte au fromage.

En guise d'«en-cas» les toasts sont très appréciés et servis avec différentes garnitures telles que:

baked beans on toast	béikt biinnz onn tôôst	haricots blancs en sauce tomate
cheese on toast	tchiiz onn tôôst	fromage
mushrooms on toast	machroûmz onn tôôst	champignons
spaghetti on toast	speugu**è**ti onn tôôst	spaghetti

Mais peut-être êtes-vous en camping ou en location et il vous faudra quelques denrées alimentaires. Voici une liste des principaux aliments et boissons dont vous pourriez avoir besoin.

Je voudrais ...	I'd like ...	aïd laïk
beurre	**some butter**	samm **ba**teu
bière	**some beer**	samm bi^{eu}
biscuits	**some biscuits**	samm **bis**kits
bonbons	**some sweets**	samm **souï**its
café	**some coffee**	samm **ko**fi
café en poudre	**instant coffee**	**inns**teunnt **ko**fi
charcuterie mêlée	**some cold cuts**	samm **kôôld** kats
chips	**some crisps**	samm **krisps**
citrons	**some lemons**	samm **lè**meunnz
chocolat	**some chocolate**	samm **tchok**leut
concombre	**a cucumber**	eu **kyoû**kammbeu
cornichons	**some gherkins**	samm **gueû**kinnz
crème	**some cream**	samm **kriim**
eau minérale	**some mineral water**	samm **mi**neureul **ouoo**teu
farine	**some flour**	samm **flaou**^{eu}
fromage	**some cheese**	samm **tchiiz**
gâteau	**a cake**	eu **kéik**
glace	**some ice-cream**	samm **aïss**kriim
huile	**some cooking oil**	samm **kou**kinng oïl
jambon	**some ham**	samm hæm
jus de fruits	**some fruit juice**	samm **froût** djoûss
lait	**some milk**	samm milk
laitue	**some lettuce**	samm **lè**tiss
moutarde	**some mustard**	samm **mas**teud
œufs	**some eggs**	samm **ègz**
oranges	**some oranges**	samm **orinn**djiz
pain	**some bread**	samm **brèd**
petit pain	**a roll**	eu **rôôl**
poivre	**some pepper**	samm **pè**peu
pommes	**some apples**	samm **æ**peulz
raisin	**some grapes**	samm **gréips**
salade	**some salad**	samm **sæ**leud
saucisses	**some sausages**	samm **sos**sidjiz
sel	**some salt**	samm **soolt**
sucre	**some sugar**	samm **chou**gueu
(sachets de) thé	**some tea (bags)**	samm **tii** (**bægz**)
tomates	**some tomatoes**	samm teu**mââ**tôôz
vin	**some wine**	samm **ouaïn**
yogourt	**some yoghurt**	samm **yo**gueut

Excursions

En avion *By plane*

Je voudrais réserver un vol pour Londres.	**I'd like to book a flight to London.**	aïd laïk tou bouk eu flaït tou **lann**deunn
aller simple / retour classe touriste première classe	**single / return economy class first class**	**sinn**gueul / **ri**teûnn **i**konneumi **klââss** feûst **klââss**
Y a-t-il des tarifs spéciaux?	**Are there any special fares?**	ââ ðè[eu] èni **spè**cheul fè[eu]z
Est-ce un vol direct?	**Is it a direct flight?**	iz it eu daï**rèkt** flaït
Quand part le prochain avion pour Dublin?	**When's the next flight to Dublin?**	ouènz ðeu nèkst flaït tou **da**blinn
Y a-t-il une correspondance pour Glasgow?	**Is there a connection to Glasgow?**	iz ðè[eu] eu keu**nèk**cheunn tou **glââs**gôô
Y a-t-il un bus pour l'aéroport?	**Is there a bus to the airport?**	iz ðè[eu] eu bass tou ði è[eu]poot
A quelle heure l'avion décolle-t-il?	**What time does the plane take off?**	ouot taïm daz ðeu pléinn téik of
A quelle heure dois-je me présenter pour l'enregistrement?	**What time should I check in?**	ouot taïm choud aï tchèk inn
Quel est le numéro du vol?	**What's the flight number?**	ouots ðeu flaït **namm**beu
A quelle heure arrivons-nous?	**What time do we arrive?**	ouot taïm doû ouii eu**raïv**
Je voudrais ... mon vol.	**I'd like to ... my flight.**	aïd laïk tou ... maï flaït
annuler changer confirmer	**cancel change confirm**	**kæn**seul tchéinndj konn**feûm**
Quelle est la durée de validité du billet?	**How long is the ticket valid?**	haou lonng iz ðeu **ti**kit **væ**lid

ARRIVAL	GATE	DEPARTURE
ARRIVÉE	PORTE	DÉPART

En train   *By train*

Les Chemins de fer britanniques (*British Rail* – **bri**tich réil) assurent non seulement un service rapide et confortable, mais offrent en plus aux touristes des tarifs particulièrement intéressants. La carte de circulation *Britrail Pass* (**brit**réil pââss), qui n'est pas en vente en Grande-Bretagne, mais que vous pourrez vous procurer auprès des agences de voyage de votre pays, vous permettra des voyages illimités dans tout le Royaume-Uni; ceci pour une période à votre choix de 8, 15, 22 jours ou un mois.

Mais si votre préférence va à un lieu de vacances déterminé, comme point de départ à des excursions d'une journée ou plus vous pourrez également bénéficier de tarifs spéciaux. Outre ces *excursion tickets* (èks**keû**cheunn **ti**kits), il y a encore des réductions pour les familles et pour les étudiants (*family* ou *student reductions* – **fæ**mili/**styoû**deunnt ri**dak**cheunnz).

Vous trouverez ci-dessous un aperçu des différents trains et wagons mis à la disposition des voyageurs:

Intercity train (innteusiti tréinn)	également appelé *Express train*, c'est un train rapide reliant les grandes villes.
Local train (lôôkeul tréinn)	train omnibus.
Motorail (môôteuréil)	train auto-couchette. Il est indispensable de faire les réservations longtemps à l'avance.
Dining car (daïninng kââ)	wagon-restaurant.
Sleeping car (sliipinng kââ)	wagon-lit.
«Nightrider» (naïtraïdeu)	sur la ligne menant en Ecosse, on peut prendre à la place d'une couchette, un fauteuil-couchette très confortable.
Luggage van (laguidj væn)	fourgon à bagages.

N.B. Les tournures de phrases présentées dans ce chapitre sont souvent applicables aux autres transports en commun.

A la gare *To the railway station*

Où est la gare?	**Where's the railway station?**	ouè^{eu}z ðeu réilouéi stéicheunn
Y a-t-il un bus/un métro?	**Is there a bus/an underground?**	iz ðè^{eu} eu bass/eunn anndeugraound
Peut-on s'y rendre à pied?	**Can I get there on foot?**	kæn aï guèt ðè^{eu} onn fout
Taxi!	**Taxi!**	tæksi
Conduisez-moi à la gare (principale).	**Take me to the (main) railway station, please. ***	téik mii tou ðeu (méinn) réilouéi stéicheunn pliiz

ENTRANCE	ENTRÉE
EXIT	SORTIE
TO THE PLATFORMS	ACCÈS AUX QUAIS

Renseignements *Information*

Où est/sont ...?	**Where is/are the ...?**	ouè^{eu} iz/ââ ðeu
bureau de change	**currency exchange office**	kareunnsi èkstjéinndj ofiss
bureau des objets trouvés	**lost property office**	lost propeuti ofiss
bureau de renseignements	**information office**	innfooméicheunn ofiss
consigne	**left-luggage office**	lèft laguidj ofiss
consigne automatique	**luggage lockers**	laguidj lokeuz
guichet des billets	**ticket office**	tikit ofiss
kiosque à journaux	**newsstand**	nyoûzstænd
quai 3	**platform 3**	plætfoom θrii
restaurant	**restaurant**	rèstreunnt
salle d'attente	**waiting-room**	ouéitinng roûm
toilettes	**toilets**	toïlèts
Où peut-on réserver des places?	**Where's the booking office?**	ouè^{eu}z ðeu boukinng ofiss

---

* Il y a plusieurs gares à Londres. Assurez-vous d'avoir bien choisi celle qui correspond à votre destination.

TAXIS, voir page 21 / RÉSERVATION D'HÔTEL, page 19

Quand part le ... train pour Oxford?	When is the ... train to Oxford?	ouèn iz ðeu ... tréinn tou **oks**feud
premier/dernier/ prochain	first/last/next	feûst/lââst/nèkst
Combien coûte le billet pour Manchester?	What's the fare to Manchester?	ouots ðeu fè^eu tou **mæn**tcheusteu
Est-ce un train rapide?	Is it an Intercity train?	iz it eunn inteusiti tréinn
Dois-je payer un supplément?	Do I have to pay a supplement?	doû aï hæv tou péi eu **sa**pleumènt
Y a-t-il une corres- pondance pour Douvres?	Is there a connec- tion to Dover?	iz ðè^eu eu keunèkcheunn tou dôôveu
Dois-je changer de train?	Do I have to change trains?	doû aï hæv tou tchéinndj tréinnz
Y a-t-il assez de temps pour changer?	Is there enough time to change?	iz ðè^eu inaf taïm tou tchéinndj
Le train partira-t-il à l'heure?	Is the train running on time?	iz ðeu tréinn **ra**nninng onn taïm
A quelle heure le train arrive-t-il à Norwich?	What time does the train arrive in Norwich?	ouot taïm daz ðeu tréinn euraïv inn **no**ridz
Y a-t-il un arrêt à Brighton?	Does the train stop in Brighton?	daz ðeu tréinn stop inn **bra**ïteunn
Y a-t-il un wagon- restaurant/wagon- lit?	Is there a dining car/a sleeping car on the train?	iz ðè^eu eu **da**ïninng kââ/eu **sli**ipinng kââ onn ðeu tréinn
De quel quai part le train pour York?	What platform does the train to York leave from?	ouot **plæt**foom daz ðeu tréinn tou yook liiv from
Sur quel quai arrive le train de Bristol?	What platform does the train from Bristol arrive at?	ouot **plæt**foom daz ðeu tréinn from **bri**steul euraïv æt
Je voudrais un horaire, s.v.p.	I'd like a time- table, please.	aïd laïk eu **taïm**téibeul pliiz

| SMOKER | NONSMOKER |
| FUMEUR | NON-FUMEUR |

It's a through train.	C'est un train direct.	
You have to change at ...	Il faudra changer à ...	
Change at Leeds and get a local train.	Changez à Leeds et prenez un omnibus.	
There's a train to Exeter at ...	Il y a un train pour Exeter à ...	
Your train will leave from platform 8.	Votre train part de la voie 8.	
There'll be a delay of ... minutes.	Le train aura ... minutes de retard.	
First class at the front/in the middle/at the end.	Première classe en tête/milieu/queue du train.	

Billets *Tickets*

Je voudrais un billet pour Bath.	**A ticket to Bath, please.**	eu tikit tou bââθ pliiz
aller simple	**single**	sinngueul
aller retour	**return**	riteûnn
première/seconde classe*	**first/second class***	feûst/sèkeund klââss
demi-tarif	**half-price**	hââf praïss

Réservation *Reservation*

Je voudrais réserver ...	**I'd like to reserve ...**	aïd laïk tou rizeûv
une place (côté fenêtre)	**a seat (by the window)**	eu siit (baï ðeu ouinndôô)
une couchette supérieure au milieu inférieure	**a berth upper middle lower**	eu beûθ apeu mideul lôôeu
une place en wagon-lit	**a berth in the sleeping car**	eu beûθ inn ðeu sliipinng kââ

* Peut-être entendrez-vous au guichet l'expression «*standard class*» (**stændeud klââss**) au lieu de «*second class*».

Sur le quai   *On the platform*

Est-ce bien de ce quai que part le train pour Londres?	**Is this the right platform for the train to London?**	iz ðiss ðeu raït plætfoom foo ðeu tréinn tou lanndeunn
Est-ce bien le train pour Liverpool?	**Is this the train to Liverpool?**	iz ðiss ðeu tréinn tou liveupoûl
Le train de Leeds a-t-il du retard?	**Is the train from Leeds late?**	iz ðeu tréinn from liidz léit
Où est le quai 2?	**Where's platform 2?**	ouè^{eu}z plætfoom toû
Où est le wagon numéro ...?	**Where's the carriage number ...?**	ouè^{eu}z ðeu kæridj nammbeu

| FIRST CLASS | SECOND CLASS |
| PREMIÈRE CLASSE | DEUXIÈME CLASSE |

En voiture   *On the train*

Pardon, puis-je passer?	**Excuse me, may I get by?**	èkskyoûz mii méi aï guèt baï
Cette place est-elle occupée?	**Is this seat taken?**	iz ðiss siit téikeunn
C'est ma place, je crois.	**I think that's my seat.**	aï θinnk ðæts maï siit
Puis-je ouvrir/fermer la fenêtre?	**Do you mind if I open/close the window?**	doû yoû maïnd if aï ôôpeunn/klôôz ðeu ouinndôô
Pourriez-vous m'avertir quand nous arriverons à Durham?	**Would you let me know before we get to Durham?**	woud yoû lèt mii nôô bifoo ouii guèt tou **dareum**
Où sommes-nous?	**Where are we?**	ouè^{eu} ââ ouii
Combien de temps le train s'arrête-il ici?	**How long does the train stop here?**	haou lonng daz ðeu tréinn stop hi^{eu}
Quand arriverons-nous à Chester?	**When do we get to Chester?**	ouèn doû ouii guèt tou **tchèsteu**
Où est le wagon-restaurant?	**Where's the dining car?**	ouè^{eu}z ðeu daïninng kââ

HEURES, voir page 153 / CHIFFRES, page 147

Wagon-lit *Sleeping car*

Y a-t-il des compartiments libres dans le wagon-lit?	**Are there any free compartments in the sleeping car?**	âa ðè^{eu} èni frii kompââtmeunnts inn ðeu sliipinng kââ
Où est le wagon-lit?	**Where's the sleeping car?**	ouè^{eu}z ðeu sliipinng kââ
Où est ma couchette?	**Where's my berth?**	ouè^{eu}z maï beûθ
Je voudrais la couchette du bas, s.v.p.	**I'd like the lower berth, please.**	aïd laïk ðeu lôô^{eu} beûθ pliiz
Pouvez-vous préparer nos couchettes?	**Would you prepare our berths, please?**	woud yôû pripè^{eu} aou^{eu} beûθs pliiz
Pouvez-vous me réveiller à 7 heures?	**Would you wake me at 7 o'clock?**	woud yôû ouéik mii æt sèveunn oklok
Pouvez-vous me dire quand je dois descendre?	**Will you tell me when to get off?**	ouil yôû tèl mii ouèn tou guèt of

Bagages – Porteurs *Luggage – Porters*

Où est la consigne automatique?	**Where are the luggage lockers?**	ouè^{eu} ââ ðeu laguidj lokeuz
Où est la consigne?	**Where's the left-luggage office?**	ouè^{eu}z ðeu lèft laguidj ofiss
Je voudrais déposer mes bagages.	**I'd like to leave my luggage.**	aïd laïk tou liiv maï laguidj
Je voudrais faire enregistrer mes bagages.	**I'd like to register my luggage.**	aïd laïk tou rèdjisteu maï laguidj
Porteur!	**Porter!**	pooteu
Pouvez-vous prendre mes bagages?	**Can you help me with my luggage?**	kæn yôû hèlp mii ouið maï laguidj
Où sont les chariots à bagages?	**Where are the luggage trolleys?**	ouè^{eu} ââ ðeu laguidj troliz

> **REGISTERING BAGGAGE**
> ENREGISTREMENT DES BAGAGES

PORTEUR, voir aussi page 18

Travelling around

En autocar *By coach*

Grâce à un réseau routier bien développé, les autocars (*coach* – kôôtch) de la compagnie *National Express* vous amèneront à destination rapidement, confortablement et pour un prix relativement modique.

Quand part le prochain car pour ...?	**When's the next coach to ...?**	ouènz ðeu nèkst kôôtch tou
Ce car s'arrête-t-il à ...?	**Does this coach stop at ...?**	daz ðiss kôôtch stop æt
Combien de temps dure le trajet?	**How long does the journey take?**	haou lonng daz ðeu djeûni téik

En bus *By bus*

Dans la plupart des villes, on peut obtenir les tickets de bus auprès du conducteur. Munissez vous donc de petite monnaie. A Londres, vous pouvez acheter une *Travelcard*, valable 1, 3, 4 ou 7 jours et qui vous permet de circuler librement sur tout le réseau des transports en commun du centre.

Les autobus londoniens rouges à impériale (*double deckers* – dabeul dèkeuz) sont connus dans le monde entier. Ils circulent à intervalles rapprochés. N'oubliez pas qu'on roule à gauche en Grande-Bretagne, et que, si nécessaire, on fait patiemment et poliment la queue aux arrêts!

Les bus verts, sans impériales (*single deckers* – sinngueul dèkeuz) de la *Green Line* desservent la banlieue et les cités avoisinantes.

Quel est le bus pour le centre?	**Which bus goes to the town centre?**	ouitch bass gôôz tou ðeu taoun sènteu
Quel bus dois-je prendre pour aller à la gare Victoria?	**Which bus do I take to Victoria Station?**	ouitch bass doû aï téik tou viktorieu stéicheunn
Où puis-je prendre un bus pour l'Opéra?	**Where can I get a bus to the opera?**	ouèeu kæn aï guèt eu bass tou ði opreu
Où se trouve l'arrêt de bus?	**Where's the bus stop?**	ouèeuz ðeu bass stop

Où est le terminus?	**Where's the terminus?**	ouè^{eu}z ðeu teûminneuss
Quand part le ... bus pour Pimlico?	**When is the ... bus to Pimlico?**	ouèn iz ðeu ... bass tou **pimm**likôô
premier/dernier/ prochain	**first/last/next**	feûst/lââst/nèkst
Dois-je changer de bus?	**Do I have to change buses?**	doû aï hæv tou tchéinndj **bass**iz
Combien y a-t-il d'arrêts jusqu'à ...?	**How many stops are there to ...?**	haou **mè**ni stops ââ ðè^{eu} tou
Pourriez-vous me dire quand je dois descendre?	**Will you tell me when to get off?**	ouil yoû tèl mii ouèn tou guèt of
Je voudrais descendre à St. Paul.	**I'd like to get off at St. Paul's.**	aïd laïk tou guèt of æt séinnt pôôlz

BUS STOP	ARRÊT DE BUS
REQUEST STOP	ARRÊT SUR DEMANDE

En métro *By underground*

Le métro de Londres, *the underground* (ði **ann**deugraound) ou tout simplement *the tube* (ðeu tyoûb) est le moyen de transport le plus rapide pour se déplacer dans la capitale. Les rames très fréquentes circulent de 6 à 24 h environ. Il y a un plan de lignes à chaque entrée de métro et dans toutes les rames. Il y a aussi un métro à Liverpool et à Glasgow.

Où est la station de métro la plus proche?	**Where's the nearest underground station?**	ouè^{eu}z ðeu ni^{eu}rist **ann**deugraound **sté**icheunn
Cette rame va-t-elle à ...?	**Does this train go to ...?**	daz ðiss tréinn gôô tou
Où dois-je changer pour ...?	**Where do I change for ...?**	ouè^{eu} doû aï tchéinndj foo
Le prochain arrêt est bien ...?	**Is the next station ...?**	iz ðeu nèkst **sté**icheunn
Quelle est la ligne pour ...?	**Which line goes to ...?**	ouitch laïn gôôz tou

En bateau   *By boat*

A quelle heure y a-t-il un bateau/un ferry pour ...?	**When is there a boat/a ferry to ...?**	ouèn iz ðè^{eu} eu bôôt/eu **fè**ri tou
Où s'effectue l'embarquement?	**Where's the embarkation point?**	ouè^{eu}z ði èmbââ-**kéi**cheunn poïnt
Quelle est la durée de la traversée?	**How long does the crossing take?**	haou lonng daz ðeu **kro**ssinng téik
Quand ferons-nous escale à ...?	**When do we call at ...?**	ouèn doû ouii kool æt
J'aimerais faire le tour du port.	**I'd like to take a tour of the harbour.**	aïd laïk tou téik eu tou^{eu} of ðeu **hââ**beu
bateau	**boat**	bôôt
de sauvetage	**life boat**	laïf bôôt
cabine	**cabin**	**kæ**binn
pour 1 personne	**single**	**sinn**gueul
pour 2 personnes	**double**	**da**beul
ceinture de sauve-tage	**life belt**	laïf bèlt
croisière	**cruise**	kroûz
hydroglisseur	**hydrofoil**	**haï**drôôfoïl
pont	**deck**	dèk
port	**port**	poot
promenade sur la rivière	**river trip**	**ri**veu trip

Location de bicyclettes   *Bicycle hire*

J'aimerais louer une bicyclette.	**I'd like to hire a bicycle.**	aïd laïk tou haï^{eu} eu **baï**sikeul

Autres moyens de transport   *Other means of transport*

hélicoptère	**helicopter**	**hè**likopteu
motocyclette	**motorbike**	**môô**teubaïk
scooter	**scooter**	**skoû**teu
vélomoteur	**moped**	**môô**pèd

Mais peut-être préférez-vous faire ...

de l'auto-stop	**to hitchhike**	tou **hitch**haïk
de la marche	**to walk**	tou ouook
une randonnée	**to hike**	tou haïk

SPORTS, voir page 89

Voiture *Car*

Dans l'ensemble, le réseau routier est en bon état et il n'y a pas de péage à payer sur les autoroutes. Encore une fois, n'oubliez pas qu'on circule à gauche. Le port de la ceinture de sécurité (*seat belt* – siit bèlt) est obligatoire. La non-observation de cette règle est sévèrement sanctionnée, de même que l'ivresse au volant et les excès de vitesse. En plus de lourdes amendes, vous risquez le retrait de permis. L'essence sans plomb n'est pas encore en vente partout.

Où est la station-(self) service la plus proche?	**Where's the nearest (self-service) petrol station?**	ouè^{eu}z ðeu ni^{eu}rist (sèlf seûviss) pètreul stéicheunn
Le plein, s.v.p.	**Full tank, please.**	foul tænk pliiz
essence 2/5 étoiles	**2-star/5-star** * **petrol**	toû stââ/faïv stââ pètreul
essence sans plomb	**unleaded petrol**	annlèdid pètreul
diesel	**diesel**	diizeul
Veuillez contrôler le/la ...	**Please check the ...**	pliiz tchèk ðeu
batterie	**battery**	bæteuri
eau	**water**	ouooteu
huile	**oil**	oïl
liquide des freins	**brake fluid**	bréik floûid
Pourriez-vous contrôler la pression des pneus?	**Could you check the tyre pressure?**	koud yoû tchèk ðeu taï^{eu} prècheu
1,6 à l'avant	**1.6 front**	ouann poïnt siks fronnt
1,8 à l'arrière	**1.8 rear**	ouann poïnt éit ri^{eu}
Vérifiez aussi la roue de secours, s.v.p.	**Please check the spare tyre, too.**	pliiz tchèk ðeu spè^{eu} taï^{eu} toû
Pouvez-vous réparer ce pneu plat?	**Can you mend this puncture?**	kæn yoû mènd ðiss pannktcheu
Pourriez-vous changer le/la/les ...	**Would you change the ..., please.**	woud yoû tchéinndj ðeu ... pliiz
ampoule	**bulb**	balb
bougies	**spark plugs**	spââk plagz

---

* La qualité de l'essence est souvent désignée par des étoiles, 5 étoiles étant la meilleure et la plus chère.

LOCATION DE VOITURES, voir page 20

courroie du ventilateur	**fan belt**	fæn bèlt
essuie-glaces	**wipers**	ouaïpeuz
pneu	**tyre**	taïeu
Pourriez-vous nettoyer le pare-brise, s.v.p.	**Would you clean the windscreen, please.**	woud yoû kliinn ðeu ouinndskriinn pliiz
Où puis-je faire laver ma voiture?	**Where can I get my car washed?**	ouèeu kæn aï guèt maï kââ ouochd
Y a-t-il un tunnel de lavage?	**Is there a car wash?**	iz ðèeu eu kââ ouoch

Pour demander son chemin *Asking the way*

Comment puis-je aller à ...?	**How do I get to ...?**	haou doû aï guèt tou
Est-ce bien la route pour ...?	**Are we on the right road to ...?**	ââ ouii onn ðeu raït rôôd tou
Y a-t-il une route avec peu de trafic?	**Is there a road with little traffic?**	iz ðèeu eu rôôd ouiθ liteul træfik
A quelle distance sommes nous de ...?	**How far is it to ...?**	haou fââ iz it tou
Y a-t-il une autoroute?	**Is there a motorway?**	iz ðèeu eu môôteu-ouéi
Combien de temps faut il en voiture/à pied?	**How long does it take by car/on foot?**	haou lonng daz it téik baï kââ/onn fout
Puis-je me rendre au centre-ville en voiture?	**Can I drive to the town centre?**	kæn aï draïv tou ðeu taoun sènteu
Pouvez-vous m'indiquer où se trouve ...?	**Can you tell me where ... is?**	kæn yoû tèl mii ouèeu ... iz
Comment puis-je me rendre à cet endroit/cette adresse?	**How do I get to this place/this address?**	haou doû aï guèt tou ðiss pléiss/ðiss eudrèss
Où est-ce?	**Where's this?**	ouèeuz ðiss
Pouvez-vous me montrer sur la carte où je me trouve?	**Can you show me on the map where I am?**	kæn yoû chôô mii onn ðeu mæp ouèeu aï æm

You're on the wrong road.	Vous n'êtes pas sur la bonne route.
Go straight ahead.	Continuez tout droit.
It's down there ...	C'est là-bas ...
opposite/behind ... next to/after ...	en face de/derrière ... à côté de/au-delà de ...
north/south/east/west	nord/sud/est/ouest
Go to the first/second crossroads.	Allez jusqu'au premier/deuxième carrefour.
Turn left at the traffic lights.	Tournez à gauche aux prochains feux.
Turn right at the next corner.	Tournez à droite au prochain coin de rue.
It's a one-way street.	C'est un sens unique.
You have to go back to ...	Il vous faut retourner à ...
Follow the signs to York.	Suivez la direction «York».

Stationnement   Parking

Où puis-je parquer ma voiture?	Where can I park?	ouè^{eu} kæn aï pââk
Y a-t-il un parking à proximité?	Is there a car park nearby?	iz ðè^{eu} eu kââ pââk ni^{eu}baï
Puis-je me garer ici?	May I park here?	méi aï pââk hi^{eu}
Combien de temps puis-je rester ici?	How long can I park here?	haou lonng kæn aï pââk hi^{eu}
Quel est le tarif par heure?	What's the charge per hour?	ouots ðeu tchââdj peu aou^{eu}
Avez-vous de la monnaie pour le parcomètre?	Do you have some change for the parking meter?	doû yoû hæv samm tchéinndj foo ðeu pââkinng miiteu
Y a-t-il un surveillant dans ce parking?	Is there a parking attendant?	iz ðè^{eu} eu pââkinng eutèndeunnt

Pannes – Assistance routière   *Breakdown – Road assistance*

Ma voiture est en panne.	**My car has broken down.**	maï kââ hæz **brôôkeunn daoun**
Pouvez-vous m'aider?	**Can you help me?**	kæn yoû hèlp mii
Où puis-je télé-phoner?	**Where can I make a phone call?**	ouè^{eu} kæn aï méik eu fôôn kool
Pouvez-vous m'en-voyer une dépan-neuse/un mécani-cien?	**Can you send a breakdown lorry/ a mechanic, please?**	kæn yoû sènd eu **bréikdaoun lori/** eu meukænik pliiz
Je n'arrive pas à démarrer.	**My car won't start.**	maï kââ ouôônt stâât
La batterie est à plat.	**The battery is dead.**	ðeu bæteuri iz dèd
Je suis en panne sèche.	**I've run out of petrol.**	aïv rann aout ov **pètreul**
J'ai un pneu plat.	**I have a flat tyre.**	aï hæv eu flæt taï^{eu}
J'ai un problème avec le/la/les …	**There's something wrong with the …**	ðè^{eu}z sammθinng ronng ouið ðeu
allumage	**ignition**	ignicheunn
boîte à vitesses	**gear box**	gui^{eu} boks
carburateur	**carburettor**	kââbjourèteu
direction	**steering**	sti^{eu}rinng
embrayage	**clutch**	klatch
feux stop	**brake lights**	bréik laïts
freins	**brakes**	bréiks
moteur	**engine**	èndjinn
phares	**headlights**	hèdlaïts
pot d'échappement	**exhaust pipe**	igzoost païp
radiateur	**radiator**	réidiéiteu
roue	**wheel**	ouiil
système électrique	**electrical system**	ilèktrikeul sisteum
Pouvez-vous me prêter …?	**Can you lend me …?**	kæn yoû lènd mii
bidon	**a jerry can**	eu djèrikæn
câble de remorquage	**a towrope**	eu tôôrôôp
clef anglaise	**a spanner**	eu spæneu
cric	**a jack**	eu djæk
outils	**some tools**	samm toûlz
Où est le garage le plus proche?	**Where's the nearest garage?**	ouè^{eu}z ðeu ni^{eu}rist gærââj

Réparations *Repairs*

Pouvez-vous réparer ma voiture?	**Can you repair my car?**	kæn yoû ripè^{eu} maï kââ
Combien de temps faudra-t-il?	**How long will it take?**	haou lonng ouil it téik
Pouvez-vous me faire un devis?	**Can you give me an estimate?**	kæn yoû guiv mii eunn èstimeut

Accident — Police *Accident — Police*

Appelez la police, s.v.p.	**Please call the police.**	pliiz kool ðeu peuliiss
Il y a eu un accident à environ 2 miles de ...	**There's been an accident. It's about 2 miles from ...**	ðè^{eu}z biinn eunn æksideunnt. its eubaout toû maïlz from
Il y a des blessés.	**There are people injured.**	ðè^{eu} ââ piipeul inndjeud
Appelez un médecin/ une ambulance.	**Call a doctor/an ambulance.**	kool eu dokteu/eunn æmbyouleunns
Quels sont vos nom et adresse?	**What's your name and address?**	ouots yoo néim ænd eudrès
Quelle est votre compagnie d'assurance?	**What's your insurance company?**	ouots yoo innchoureunns kammpeuni

Panneaux routiers *Road signs*

DANGER	Danger
DIVERSION	Déviation
EXIT	Sortie
GIVE WAY	Cédez le passage
KEEP LEFT	Serrez à gauche
LEVEL CROSSING	Passage à niveau
NO OVERTAKING	Dépassement interdit
NO PARKING	Stationnement interdit
ONE WAY	Sens unique
PEDESTRIANS	Piétons
REDUCE SPEED NOW	Ralentissez
ROAD WORKS AHEAD	Travaux
ROUNDABOUT	Sens giratoire
SCHOOL	Ecole
SLOW	Ralentir

URGENCES, voir page 156

Visites touristiques

Français	English	Prononciation
Où se trouve l'office du tourisme?	**Where's the tourist office?**	ouè^{eu}z ðeu tou^{eu}rist ofiss
Que faut-il visiter avant tout?	**What are the main points of interest?**	ouot ââ ðeu méinn poïnts ov inntrèst
Nous sommes ici pour ...	**We're here for ...**	ouii^{eu} hi^{eu} foo
quelques heures seulement	**only a few hours**	ôônli eu fyoû aou^{eu}z
un jour	**a day**	eu déi
une semaine	**a week**	eu ouiik
Pouvez-vous me conseiller une visite de la ville/ une excursion?	**Can you recommend a sightseeing tour/ an excursion?**	kæn yoû rèkeumènd eu saïtsi-inng tou^{eu}/ eunn ikskeûcheunn
D'où partons-nous?	**Where do we leave from?**	ouè^{eu} doû ouii liiv from
Le bus nous prendra-t-il à l'hôtel?	**Will the bus pick us up at the hotel?**	ouil ðeu bass pik as ap æt ði hôôtèl
Quel est le prix de l'excursion?	**How much does the tour cost?**	haou match daz ðeu tou^{eu} kost
A quelle heure partons-nous?	**What time do we leave?**	ouot taïm doû ouii liiv
Le déjeuner est-il compris?	**Is lunch included?**	iz lanntch innkloûdid
A quelle heure serons-nous de retour?	**What time do we get back?**	ouot taïm doû ouii guèt bæk
Aurons-nous un peu de temps libre à ...?	**Do we have free time in ...?**	doû ouii hæv frii taïm inn
Y a-t-il un guide qui parle français?	**Is there a French-speaking guide?**	iz ðè^{eu} eu frèntch spiikinng gaïd
Je voudrais louer les services d'un guide pour ...	**I'd like to hire a private guide for ...**	aïd laïk tou haï^{eu} eu praïveut gaïd foo
une demi-journée	**half a day**	hââf eu déi
toute une journée	**a day**	eu déi

Où est/Où sont ...?	**Where is/Where are the ...?**	ouè^{eu} iz/ouè^{eu} ââ ðeu
abbaye	**abbey**	æbi
banlieue	**suburb**	sabeûb
bâtiment	**building**	bildinng
bibliothèque	**library**	laïbreuri
Bourse	**Stock Exchange**	stok èkstchéinndj
cathédrale	**cathedral**	keuθidreul
centre-ville	**city/town centre**	siti/taoun sènteu
centre des affaires	**business district**	bizniss distrikt
centre commercial	**shopping centre**	chopinng sènteu
chapelle	**chapel**	tchæpeul
château	**castle**	kââsseul
cimetière	**cemetery**	sèmitri
cloître	**cloister**	kloïsteu
couvent	**convent**	konnveunnt
docks	**docks**	doks
église	**church**	tcheûtch
exposition	**exhibition**	èksibicheunn
fabrique	**factory**	fækteuri
foire	**fair**	fè^{eu}
fontaine	**fountain**	faounteunn
forteresse	**fortress**	footriss
galerie d'art	**art gallery**	âât gæleuri
hôtel de ville	**town hall**	taoun hool
jardins	**gardens**	gââdeunnz
jardin botanique	**botanical garden**	botænikeul gââdeunn
lac	**lake**	léik
maison des congrès	**conference centre**	konnfreunnss sènteu
marché	**market**	mââkit
marché aux puces	**flea market**	flii mââkit
monastère	**monastery**	monneustri
monument commémoratif	**monument memorial**	monnyoumeunnt mèmoorieul
musée	**museum**	myoûziieum
observatoire	**observatory**	obzeûveutri
opéra	**opera house**	opreu haouss
palais	**palace**	pæliss
palais de justice	**court house**	koot haouss
palais royal	**royal palace**	roïeul pæliss
parc	**park**	pââk
Parlement	**Houses of Parliament**	haouziz ov pââleumeunnt
place	**square**	skouè^{eu}
planétarium	**planetarium**	plæneutè^{eu}rieum
port	**harbour**	hââbeu
portail	**gate**	guéit

quartier des artistes	artists' quarter	ââtists **kouooteu**
remparts	city walls	siti ouoolz
ruines	ruins	roûinnz
salle de concerts	concert hall	**konnseut** hool
stade	stadium	**stéidieum**
statue	statue	**stætyoû**
théâtre	theatre	θi**eu**teu
tombeau	tomb	toûm
tour	tower	taou**eu**
université	university	youni**veû**siti
vieille ville	old town	ôôld taoun
zoo	zoo	zoû

Entrée *Admission*

Est-ce que ... est ouvert le dimanche?	Is ... open on Sundays?	iz ... ôôpeunn onn **sanndiz**
Quelles sont les heures d'ouverture?	What are the opening hours?	ouot ââ ði ôôpeuninng aou**eu**z
Quelle est l'heure de fermeture?	When does it close?	ouèn daz it klôôz
Combien coûte l'entrée?	What is the entrance fee?	ouot iz ði **èntreunns** fii
Y a-t-il une réduction pour ...?	Is there any reduction for ...?	iz ðè**eu** èni **ridak**cheunn foo
enfants	children	**tchil**dreunn
étudiants	students	**styoû**deunnts
groupes	groups	groûps
handicapés	the disabled	ðeu di**séi**beuld
retraités	pensioners	**pèn**cheuneuz
Avez-vous un guide (en français)?	Do you have a guide-book (in French)?	doû yoû hæv eu gaïd bouk (inn **frèntch**)
Puis-je acheter un catalogue?	Can I buy a catalogue?	kæn aï baï eu **kæ**teulog
Est-il permis de photographier?	Is it all right to take pictures?	iz it ool raït tou téik **pik**tcheuz

| **ADMISSION FREE** | ENTRÉE LIBRE |
| **NO CAMERAS ALLOWED** | APPAREILS DE PHOTOS INTERDITS |

Qui – Quoi – Quand? *Who – What – When?*

Quel est ce bâtiment?	**What's that building?**	ouots ðæt **bild**innng
Qui en est le/l'...?	**Who was the ...?**	hoû ouoz ðeu
architecte	**architect**	**ââ**kitèkt
artiste	**artist**	**ââ**tist
peintre	**painter**	**péin**nteu
sculpteur	**sculptor**	**skalp**teu
Qui l'a bâti?	**Who built it?**	hoû bilt it
A quand remonte la construction?	**When was it built?**	ouèn ouoz it bilt
Qui a peint ce tableau?	**Who painted this picture?**	hoû **péin**ntid ðiss **pik**tcheu
A quelle époque vivait-il?	**When did he live?**	ouèn did hii liv
Où est la maison où vivait ...?	**Where's the house where ... lived?**	ouè^{eu}z ðeu haouss ouè^{eu} ... livd
Y a-t-il une visite commentée?	**Is there a guided tour?**	iz ðè^{eu} eu **gaï**did tou^{eu}
Nous nous intéressons à/aux ...	**We are interested in ...**	ouii ââ **inn**treustid inn
antiquités	**antiques**	**æn**tiiks
archéologie	**archaeology**	ââki**o**leudji
architecture	**architecture**	**ââ**kitè**k**tcheu
art	**art**	âât
artisanat	**handicrafts**	**hæn**dikrââfts
beaux-arts	**fine arts**	faïn ââts
botanique	**botany**	**bo**teuni
céramique	**ceramics**	seu**ræ**miks
économie	**economics**	ikeu**no**miks
éthnologie	**ethnology**	è**θno**leudji
géologie	**geology**	**dji**oleudji
histoire	**history**	**his**teuri
histoire naturelle	**natural history**	**næt**chreul **his**teuri
littérature	**literature**	**lit**ritcheu
médecine	**medicine**	**mèd**sinn
mobilier	**furniture**	**feû**nitcheu
mode	**fashion**	**fæ**cheunn
musique	**music**	**myoû**zik
numismatique	**coins**	koïnz
ornithologie	**ornithology**	ooni**θo**leudji

peinture	**painting**	**péinn**tinng
politique	**politics**	**politiks**
poterie	**pottery**	**poteuri**
religion	**religion**	**rili**djeunn
sculpture	**sculpture**	**skalp**tcheu
zoologie	**zoology**	**zôô**oleudji
Où est la section de ...?	**Where's the ... department?**	ouè^{eu}z ðeu ... di**pâât**meunnt

Voici l'adjectif que vous cherchiez:

C'est ...	**It's ...**	its
affreux	**awful**	**oo**foul
beau	**beautiful**	**byoû**tifoul
étrange	**strange**	stré**inn**dj
horrible	**horrible**	**hori**beul
impressionnant	**impressive**	imm**prèss**iv
inouï	**fantastic**	**fæn**tæstik
intéressant	**interesting**	**inn**trèstinng
joli	**pretty**	**priti**
laid	**ugly**	**agli**
magnifique	**magnificent**	mæg**nifi**sseunnt
romantique	**romantic**	rôô**mæn**tik
stupéfiant	**amazing**	eu**méi**zinng
superbe	**superb**	syoupe**ûb**

Services religieux	*Religious services*	
Y a-t-il près d'ici un ... ...?	**Is there a ... near here?**	iz ðè^{eu} eu ... ni^{eu} hi^{eu}
église catholique	**Catholic church**	**kæ**θeulik tcheûtch
mosquée	**mosque**	mosk
synagogue	**synagogue**	**sineu**gog
temple protestant	**Protestant church**	**proti**steunnt tcheûtch
A quelle heure commence le culte/ la messe?	**What time is the service/mass?**	ouot taïm iz ðeu **seû**viss/ mæss
Où puis-je trouver un ... parlant français?	**Where can I find a ... who speaks French?**	ouè^{eu} kæn aï faïnd a ... hoû spiiks frèntch
pasteur/prêtre/ rabbin	**minister/priest/ rabbi**	**minis**teu/priist/ **ræ**baï
Je voudrais visiter l'église.	**I'd like to visit the church.**	aïd laïk tou visit ðeu tcheûtch

A la campagne   *In the countryside*

Y a-t-il une route touristique pour ...?	**Is there a scenic route to ...?**	iz ðè^{eu} eu siinik roût tou
A quelle distance sommes-nous de ...?	**How far is it to ...?**	haou fâa iz it tou
Pouvons-nous y aller à pied?	**Can we get there on foot?**	kæn ouii guèt ðè^{eu} onn fout
Quelle est l'altitude de cette montagne?	**How high is that mountain?**	haou haï iz ðæt maountinn
Quel est le nom de ce/cet/cette ...?	**What's the name of that ...?**	ouots ðeu nèim ov ðæt
animal/oiseau	**animal/bird**	ænimeul/beûd
arbre/fleur/plante	**tree/flower/plant**	trii/flaou^{eu}/plâânt

Points de repère   *Landmarks*

canal	**canal**	keunæl
champ	**field**	fiild
chemin	**path**	pââθ
chute d'eau	**waterfall**	ouooteufool
colline	**hill**	hil
étang	**pond**	ponnd
falaise	**cliff**	klif
ferme	**farm**	fââm
forêt/bois	**wood**	woud
grotte	**cave**	kéiv
jardin	**garden**	gââdeunn
lac	**lake**	léik
lande	**heath**	hiiθ
maison	**house**	haouss
mer	**sea**	sii
montagne	**mountain**	maountinn
mur	**wall**	ouool
pont	**bridge**	bridj
pré	**meadow**	mèdôô
rivière	**river**	riveu
route	**road**	rôôd
ruisseau	**brook**	brouk
sentier	**footpath**	foutpââθ
source	**spring**	sprinng
vallée	**valley**	væli
village	**village**	vilidj

POUR DEMANDER SON CHEMIN, voir page 76

Distractions

La plupart des grandes villes éditent un calendrier des manifestations qu'on peut obtenir dans les hôtels, les kiosques ou à l'office du tourisme.

Avez-vous un programme des spectacles?	**Do you have an entertainment guide?**	doû yoû hæv eunn ènteutéinnmeunnt gaïd
A quelle heure débute le/la ...?	**What time does the ... start?**	ouot taïm daz ... stâât
concert	**concert**	konnseut
film	**film**	film
représentation	**performance**	peufoomeunns
spectacle	**show**	chôô
Combien de temps dure-t-il/elle?	**How long will it last?**	haou lonng ouil it lââst
Faut-il réserver à l'avance?	**Do I have to book in advance?**	doû aï hæv tou bouk inn eudvââns
Où peut-on acheter des billets?	**Where's the box office?**	ouè^{eu}z ðeu boks ofiss

Cinéma – Théâtre   *Cinema – Theatre*

Qu'y a-t-il ce soir au cinéma?	**What's on at the cinema tonight?**	ouots onn æt ðeu sineumeu tounaït
Que donne-t-on au Théâtre ...?	**What's playing at the ... theatre?**	ouots pléiinng æt ðeu ... θieuteu
Quel genre de pièce est-ce?	**What kind of play is it?**	ouot kaïnd ov pléi iz it
Qui en est l'auteur?	**Who is it by?**	hoû iz it baï
Pouvez-vous me recommander un/une ...?	**Can you recommend a ...?**	kæn yoû rèkeumènd eu
bon film	**good film**	goud film
comédie	**comedy**	komeudi
comédie musicale	**musical**	myoûzikeul
Où donne-t-on le nouveau film de ...?	**Where's the new film by ... being shown?**	ouè^{eu}z ðeu nyoû film baï ... biinng chôôn

SPORTS, voir page 89

Qui en sont les acteurs?	Who are the actors?	hoû ââ ði ækteuz
Qui tient le rôle principal?	Who's playing the lead?	hoûz pléiinng ðeu liid
Qui est le metteur en scène?	Who's the director?	hoûz ðeu daïrèkteu
Y a-t-il un spectacle son et lumière?	Is there a sound-and-light show?	iz ðè^{eu} eu saound ænd laït chôô

Opéra – Ballet – Concert   *Opera – Ballet – Concert*

J'aimerais assister à un/une ...	I'd like to attend ...	aïd laïk tou eutènd
ballet	a ballet	eu bæléi
concert	a concert	eu konnseut
opéra/opérette	an opera/operetta	eunn opreu/opeurèteu
Où est l'opéra/la salle de concert?	Where's the opera house/concert hall?	ouè^{eu}z ði opreu haouss/ konnseut hool
Que donne-t-on ce soir à l'Opéra?	What's on at the opera tonight?	ouots onn æt ði opreu tounaït
Qui chante/danse?	Who's singing/dancing?	hoûz sinnginng/ dâânsinng
Quel est le nom de l'orchestre?	Which orchestra is playing?	ouitch ookistreu iz pléiinng
Que joue-t-on?	What are they playing?	ouot ââ ðéi pléiinng
Qui est le chef d'orchestre/le (la) soliste?	Who's the conductor/the soloist?	hoûz ðeu keunndakteu/ ðeu sôôloïst

Billets   *Tickets*

Y a-t-il encore des billets pour ce soir?	Are there any tickets left for tonight?	ââ ðè^{eu} èni tikits lèft foo tounaït
Combien coûtent les places?	How much are the seats?	haou match ââ ðeu siits
Je voudrais réserver 2 places pour ...	I'd like to reserve 2 seats for ...	aïd laïk tou rizeûv toû siits foo
vendredi (soir)	Friday (evening)	fraïdi (iivninng)
mardi en matinée	the matinée on Tuesday	ðeu mætiné onn tyoûzdi

JOURS DE LA SEMAINE, voir page 151

Je voudrais une place ...	I'd like a seat ...	aïd laïk eu siit
au balcon	in the dress circle	inn ðeu drèss seûkeul
sur la galerie	in the upper circle	inn ði apeu seûkeul
dans une loge	in a box	inn eu boks
au parterre	in the stalls	inn ðeu stoolz
Quelque part au milieu.	Somewhere in the middle.	sammouè^eu inn ðeu mideul
Puis-je avoir un programme, s.v.p.?	May I have a programme, please?	méi aï hæv eu prôôgræm pliiz
Où est le vestiaire?	Where's the cloakroom?	ouè^euz ðeu klôôkroûm

---

☞ ☜

I'm sorry, we're sold out.	Je suis désolé(e), c'est complet.
There are only a few seats left in the dress circle.	Il ne reste que quelques places au balcon.
Your ticket, please.	Votre billet, s.v.p. *

Boîtes de nuit   *Nightclubs*

Pouvez-vous me recommander une bonne boîte de nuit?	Can you recommend a good nightclub?	kæn yoû rèkeumènd eu goud naïtklab
A quelle heure commence le spectacle?	What time does the show start?	ouot taïm daz ðeu chôô stâât
La tenue de soirée est-elle de rigueur?	Is evening dress required?	iz iivninng drèss rikouaïeud

Discothèques   *Discotheques*

Où pouvons-nous aller danser?	Where can we go dancing?	ouè^eu kæn ouii gôô dâânsinng
Y a-t-il une discothèque en ville?	Is there a discotheque in town?	iz ðè^eu eu diskôôtèk inn taoun
Voulez-vous danser?	Would you like to dance?	woud yoû laïk tou dââns

---

* Il n'est pas nécessaire de donner un pourboire aux placeuses dans les cinémas et les théâtres.

Sports *Sports*

La passion des Anglais pour le sport est légendaire. Parmi les sports les plus populaires, citons le football, le rugby et le cricket.

Les régions côtières offrent d'excellentes possibilités pour la voile et le surf. La pêche, la chasse, le golf et même la varappe se pratiquent surtout au Pays de Galles et en Ecosse. Est-il besoin de rappeler enfin, que ce pays est un paradis pour les joueurs de tennis?

Dans les pub, vous pourrez assister ou même tenter votre chance au lancer de fléchettes (*darts* – dââts) ou au *snooker* (**snoû**keu), un jeu qui s'apparente au billard.

Enfin, moins sportifs, mais tout aussi populaires, les paris (*bets* – bèts) portant sur toutes sortes d'objets, mais surtout sur les courses de chevaux et de chiens.

Y a-t-il des manifestations sportives en ce moment?	**Are there any sporting events going on?**	ââ ðè^{eu} èni spôôtinng ivènts gôôinng onn

athlétisme	**athletics**	æθlètiks
aviron	**rowing**	rôôinng
basket	**basketball**	bââskeutbool
courses	**racing**	réissinng
d'automobiles	**car racing**	kââ réissinng
cyclistes	**cycle racing**	saïkeul réissinng
de chevaux	**horse racing**	hooss réissinng
cricket	**cricket**	krikit
football	**football**	foutbool
volleyball	**volleyball**	ouolibool

Je voudrais voir un match de rugby.	**I'd like to see a rugby game.**	aïd laïk tou sii eu ragbi guéim
Quelles sont les équipes qui jouent?	**Which teams are playing?**	ouitch tiimz ââ pléïinng
Pouvez-vous me procurer un billet?	**Can you get me a ticket?**	kæn yoû guèt mii eu tikit
Combien coûte l'entrée?	**What's the admission charge?**	ouots ði eudmicheunn tchââdj

| Où est le champ de courses? | **Where's the race course?** | ouè^eu z ðeu réiss kooss |

Et si vous voulez pratiquer un sport:

Y a-t-il un terrain de golf?	**Is there a golf course?**	iz ðè^eu eu golf kooss
Je voudrais jouer au tennis.	**I'd like to play tennis.**	aïd laïk tou pléi tèniss
Où se trouvent les courts?	**Where are the tennis courts?**	ouè^eu ââ ðeu tèniss koots
Quel est le tarif par heure/partie?	**What's the charge per hour/round?**	ouots ðeu tchââdj peu aou^eu/raound
Puis-je louer des raquettes?	**Can I hire rackets?**	kæn aï haï^eu rækits

alpinisme	**mountaineering**	maounteuni^eu rinng
cyclisme	**cycling**	saïklinng
équitation	**(horse)riding**	(hooss)raïdinng
golf	**golf**	golf
natation	**swimming**	souiminng
patinage	**ice-skating**	aïssskéitinng
surf	**windsurfing**	ouinndseûfinng
tennis	**tennis**	tèniss
voile	**sailing**	séilinng

Y a-t-il un bon endroit pour chasser/pêcher dans les environs?	**Is there any good hunting/fishing around here?**	iz ðè^eu èni goud hanntinng/fichinng euraound hi^eu
Ai-je besoin d'un permis?	**Do I need a licence?**	doû aï niid eu laïsseunns
Peut-on se baigner dans le lac/la rivière?	**Can one swim in the lake/the river?**	kæn ouann souim inn ðeu léik/ðeu riveu
Y a-t-il une piscine ici?	**Is there a swimming pool here?**	iz ðè^eu eu souiminng poûl hi^eu
Est-elle couverte ou en plein-air?	**Is it indoor or open-air?**	iz it inndoo oo ôôpeunnè^eu
Est-elle chauffée?	**Is it heated?**	iz it hiiteud
Quelle est la température de l'eau?	**What's the temperature of the water?**	ouots ðeu tèmpreutcheu ov ðeu ouoteu

Plage *Beach*

Est-ce une plage de sable/de pierres?	**Is the beach sandy/stony?**	iz ðeu biitch **sæ**ndi/**stôô**ni
Peut-on y nager sans danger?	**Is it safe to swim here?**	iz it séif tou souim hi^eu
Y a-t-il un gardien de plage?	**Is there a lifeguard?**	iz ðè^eu eu **laïf**gââd
L'eau est-elle profonde?	**Is the water deep?**	iz ðeu ouooteu diip
Il y a de grosses vagues aujourd'hui.	**There are some big waves today.**	ðè^eu ââ samm big ouéivz teu**déi**
Y a-t-il des courants dangereux?	**Are there any dangerous currents?**	ââ ðè^eu èni **déinn**djeureus kareunnts
A quelle heure est la marée haute/basse?	**What time is high tide/low tide?**	ouot taïm iz haï taïd/ lôô taïd
Je voudrais louer ...	**I'd like to hire ...**	aïd laïk tou haï^eu
bateau à rames	**a rowing boat**	eu **rôô**inng bôôt
cabine de bain	**a bathing hut**	eu **béi**ðinng hat
canot à moteur	**a motor-boat**	eu **môô**teubôôt
chaise longue	**a deck chair**	eu dèk tchè^eu
équipement de plongée	**some skin-diving equipment**	samm **skinn**-daïvinng eu**kouip**meunnt
parasol	**a sunshade**	eu **sann**chéid
pédalo	**a pedalo**	eu **pè**deulôô
planche à voile	**a windsurfer**	eu **ouinnd**seûfeu
planche de surf	**a surfboard**	eu **seûf**bood
skis nautiques	**some water-skis**	samm ouoteu skiiz
voilier	**a sailing boat**	eu **séi**linng bôôt

PRIVATE BEACH	PLAGE PRIVÉE
NO SWIMMING	BAIGNADE INTERDITE

Sports d'hiver *Winter sports*

Je voudrais patiner/ skier.	**I'd like to skate/ to ski.**	aïd laïk tou skéit/ tou skii
Y a-t-il une patinoire dans les environs?	**Is there a skating rink near here?**	iz ðè^eu eu **skéi**tinng rinnk ni^eu hi^eu
Je voudrais louer des skis/patins.	**I'd like to hire some skis/skates.**	aïd laïk tou haï^eu samm skiiz/skéits

Faire connaissance

Présentations   *Introductions*

Permettez-moi de vous présenter ...	**May I introduce ...?**	méi aï inntreu**dyoûss**
Je vous présente ...	**This is ...**	ðiss iz
Je m'appelle ...	**My name is ...**	maï néim iz
Enchanté(e).	**How do you do?**	haou doû yoû doû
Comment vous appelez-vous?	**What's your name?**	ouots yoo néim

Pour rompre la glace   *Breaking the ice*

Depuis combien de temps êtes-vous ici?	**How long have you been here?**	haou lonng hæv yoû biin hi**eu**
Est-ce votre premier séjour?	**Is it your first visit here?**	iz it yoo feûst **v**izit hi**eu**
Non, nous sommes déjà venus l'année dernière.	**No, we came here last year.**	nôô ouii kéim hi**eu** lââst yi**eu**
Combien de temps resterez-vous ici?	**How long are you here for?**	haou lonng ââ yoû hi**eu** foo
Est-ce que vous vous plaisez ici?	**Are you enjoying yourself?**	ââ yoû inn**dj**o**ï**inng yoo**sèlf**
Oui, je m'y plais beaucoup.	**Yes, I like it very much.**	yèss aï laïk it **vè**ri match
Le paysage me plaît beaucoup.	**I like the scenery a lot.**	ai laïk ðeu **sii**neuri eu lott
Que pensez-vous du pays/des gens?	**What do you think of the country/ the people?**	ouot doû yoû θinnk ov ðeu **kann**tri/ðeu **pii**peul
D'où venez-vous?	**Where do you come from?**	ouè**eu** doû yoû kam from
Je viens de ...	**I'm from ...**	aïm from
Je suis ...	**I'm ...**	aïm
Belge	**Belgian**	**bè**ldjeunn
Français(e)	**French**	frèntch
Suisse(sse)	**Swiss**	souiss

PAYS, voir page 146

Etes-vous ...?	**Are you ...?**	ââ yoû
Anglais(e)	**British**	britich
Écossais(e)	**Scottish**	skotich
Irlandais(e)	**Irish**	aïrich
Où logez-vous?	**Where are you staying?**	ouè^{eu} ââ yoû stéiinng
Etes-vous seul(e) ici?	**Are you on your own here?**	ââ yoû onn yoo ôôn hi^{eu}
Je suis avec ...	**I'm with my ...**	aïm ouið maï
ma femme	**wife**	ouaïf
mon mari	**husband**	hazbeunnd
ma famille	**family**	fæmili
mes enfants	**children**	tchildreunn
mes parents	**parents**	pèreunnts
mon ami(e)	**boyfriend/girlfriend**	boïfrènd/gueûlfrènd

grand-père/ grand-mère	**grandfather/ grandmother**	grændfââðeu grændmaðeu
père/mère	**father/mother**	fââðeu/maðeu
fils/fille	**son/daughter**	sann/dooteu
frère/sœur	**brother/sister**	braðeu/sisteu
oncle/tante	**uncle/aunt**	annkeul/âânt
neveu/nièce	**nephew/niece**	nèfyoû/niiss
cousin/cousine	**cousin**	kazeunn

Etes-vous marié(e)/ célibataire?	**Are you married/ single?**	ââ yoû mærid/ sinngueul
Avez-vous des enfants?	**Do you have any children?**	doû yoû hæv èni tchildreunn
Quelle est votre profession?	**What do you do?**	ouot doû yoû doû
Où travaillez-vous?	**Where do you work?**	ouè^{eu} doû yoû oueûk
Je suis étudiant(e).	**I'm a student.**	aïm eu styoûdeunnt
Qu'étudiez-vous?	**What are you studying?**	ouot ââ yoû stadiing
Je suis en voyage d'affaires.	**I'm on a business trip.**	aïm onn eu bizniss trip
Voyagez-vous beaucoup?	**Do you travel a lot?**	doû yoû træveul eu lott

INTÉRÊTS, voir page 83

Le temps *The weather*

En Angleterre, le temps est le sujet de conversation par excellence ...

Quelle belle journée!	**What a lovely day!**	ouot eu **la**vli déi
Quel temps affreux!	**What awful weather!**	ouot **oo**foul **ouè**ðeu
Comme il fait froid!	**Isn't it cold?**	izeunnt it kôôld
Quelle chaleur!	**Isn't it hot?**	izeunnt it hot
Il y a du brouillard/ du vent aujourd'hui.	**It's foggy/windy today.**	its **fo**gui/**ouinn**di teu**déi**
Pensez-vous que demain ...?	**Do you think it's going to ... tomorrow?**	doû yoû θinnk its **gôô**inng tou ... teu**mo**rôô
il fera beau il pleuvra/neigera	**be a nice day rain/snow**	bii eu **naïss** déi réinn/snôô
Quelles sont les prévisions du temps?	**What is the weather forecast?**	ouot iz ðeu **ouè**ðeu **foo**kââst

brouillard	**fog**	fog
ciel	**sky**	skaï
éclair	**lightning**	**laï**tninng
étoile	**star**	stââ
gel	**frost**	frost
grêle	**hail**	héil
lune	**moon**	moûn
neige	**snow**	snôô
nuage	**cloud**	klaoud
orage	**thunderstorm**	θ**annd**eustoom
pluie	**rain**	réinn
soleil	**sun**	sann
tempête	**storm**	stoom
tonnerre	**thunder**	θ**annd**eu
vent	**wind**	ouinnd

Invitations *Invitations*

Voudriez-vous venir dîner chez nous?	**Would you like to have dinner with us?**	woud yoû laïk tou hæv **di**neu ouið as
Puis-je vous inviter à déjeuner?	**May I invite you to lunch?**	méi aï in**naï**t yoû tou lanntch

JOURS DE LA SEMAINE, voir page 151

Venez donc prendre un verre ce soir.	Do come round for a drink this evening.	doû kam raound foo eu drinnk ðiss iivninng
Il y a une réception. Viendrez-vous?	There's a party. Are you coming?	ðè^{eu}z eu pââti. ââ yoû kaminng
C'est très aimable. Je viendrai avec plaisir.	That's very kind of you. I'd love to come.	ðæts vèri kaïnd ov yoû. aïd lav tou kam
A quelle heure faut-il venir?	What time shall we come?	ouot taïm chæl ouii kam
Puis-je amener un ami/une amie?	May I bring a friend?	méi aï brinng eu frènd
Je crois que nous devons partir.	I'm afraid we've got to leave now.	aïm eufréid ouiiv got tou liiv naou
La prochaine fois ce sera à vous de nous rendre visite.	Next time you must come to visit us.	nèkst taïm yoû mast kam tou vizit as
Merci pour cette agréable soirée.	Thanks for a lovely evening.	θænks foo eu lavli iivninng

Rendez-vous *Dating*

Est-ce que ça vous dérange que je fume?	Do you mind if I smoke?	doû yoû maïnd if aï smôôk
Voulez-vous une cigarette?	Would you like a cigarette?	woud yoû laïk eu siigueurèt
Avez-vous du feu, s.v.p.?	Do you have a light, please?	doû yoû hæv eu laït pliiz
Pourquoi riez-vous?	Why are you laughing?	ouaï ââ yoû lââfinng
Mon anglais est-il si mauvais?	Is my English that bad?	iz maï innglich ðæt bæd
Puis-je m'asseoir ici?	Do you mind if I sit down here?	doû yoû maïnd if aï sit daoun hi^{eu}
Puis-je vous offrir un verre?	Can I get you a drink?	kæn aï guèt yoû eu drinnk
Attendez-vous quelqu'un?	Are you waiting for someone?	ââ yoû ouéitinng foo sammouann
Etes-vous libre ce soir?	Are you free this evening?	ââ yoû frii ðiss iivninng

Voulez-vous sortir avec moi ce soir?	**Would you like to go out with me tonight?**	woud yoû laïk tou gôô aout ouïð mii teunaït
Voulez-vous aller danser?	**Would you like to go dancing?**	woud yoû laïk tou gôô dâânsinng
Je connais une bonne discothèque.	**I know a good discotheque.**	aï nôô eu goud diskôôtèk
Si nous allions au cinéma?	**Shall we go to the cinema?**	chæl ouii gôô tou ðeu sineumeu
Voulez-vous faire une promenade à pied/en voiture?	**Would you like to go for a walk/ a drive?**	woud yoû laïk tou gôô foo eu ouook/ eu draïv
Où nous retrouve-rons-nous?	**Where shall we meet?**	ouè^{eu} chæl ouii miit
Je passerai vous prendre à votre hôtel.	**I'll pick you up at your hotel.**	aïl pik yoû ap æt yoo hôôtèl
Je viendrai vous prendre à 8 heures.	**I'll call for you at 8.**	aïl kool foo yoû æt éit
Puis-je vous rac-compagner?	**May I take you home?**	méi aï téik yoû hôôm
Puis-je vous revoir demain?	**Can I see you again tomorrow?**	kæn aï sii yoû euguéinn teumoroô
Quel est votre nu-méro de téléphone?	**What's your phone number?**	ouots yoo fôôn nammbeu

Peut-être aurez-vous envie de répondre...

Très volontiers, merci.	**I'd love to, thank you.**	aïd lav tou θæηk yoû
C'était une soirée merveilleuse, merci.	**It's been a wonderful evening, thank you.**	its biin eu ouanndeufoul iivninng θæηk yoû
Je me suis bien amusé(e).	**I've enjoyed myself.**	aïv inndjoïd maïsèlf
Merci, je n'ai pas le temps.	**Thank you, but I'm busy.**	θæηk yoû bat aïm bizi
Non, cela ne m'inté-resse pas, merci.	**No, I'm not inter-ested, thank you.**	nôô aïm not inntreustid θæηk yoû
Laissez-moi tran-quille, s.v.p.	**Leave me alone, please.**	liiv mii eulôôn pliiz

Guide des achats

Ce guide devrait vous aider à trouver aisément et rapidement ce que vous désirez. Il comprend:

1. une liste des principaux magasins et services (pages 98 et 99).

2. des expressions et tournures de phrases qui vous aideront à formuler vos désirs avec précision (p. 100 à 103).

3. des détails sur les magasins et commerces. Vous trouverez conseils, listes alphabétiques des articles et tables de conversion sous les titres suivants:

		Page
Appareils électriques	petits appareils, accessoires, radios	104
Bijouterie	bijoux, montres, réparation de montres	105
Bureau de tabac	tout pour le fumeur	107
Camping	matériel de camping	108
Habillement	vêtements, accessoires, chaussures	110
Librairie/ Papeterie	livres, journaux, articles de papeterie	117
Magasin d'alimentation	quelques tournures de phrases, notions de poids et d'emballages	119
Opticien	lunettes, verres de contact, jumelles	120
Pharmacie/ Parfumerie	médicaments, premiers soins, produits de beauté, articles de toilette et pour bébé	121
Photographie	appareils, accessoires, films, développement	125
Divers	souvenirs, disques et cassettes, jouets	127

Magasins ...   *Shops ...*

Dans la plupart des villes, les magasins sont généralement ouverts sans interruption de 9 h. à 17 h. 30 ou 18 h. Une fois par semaine, le mercredi ou le jeudi, ils restent ouverts jusqu'à 20 h.

Où est le/la ... le/la plus proche?	**Where's the nearest ...?**	ouè^{eu}z ðeu ni^{eu}rist
Quand ouvre/ferme le/la ...?	**When does the ... open/close?**	ouèn daz ðeu ... ôôpeunn/klôôz
antiquaire	**antique shop**	æntiik chop
bijouterie	**jeweller's***	djoû^{eu}leuz
bonbonnerie	**sweet shop**	souiit chop
boucherie	**butcher's**	boutcheuz
boulangerie	**baker's**	béikeuz
bureau de tabac	**tobacconist's**	teubækeunists
centre commercial	**shopping centre**	chopinng sènteu
charcuterie	**delicatessen**	dèlikeutèsseunn
crémerie	**dairy**	dè^{eu}ri
disquaire	**record shop**	rèkood chop
droguerie	**chemist's**	kèmists
électricien	**electrical shop**	ilèktrikeul chop
épicerie	**grocer's**	grôôsseuz
fleuriste	**florist's**	florists
fourreur	**furrier's**	farieuz
grand magasin	**department store**	dipââtmeunnt stoo
kiosque à journaux	**newsstand**	nyoûzstænd
laiterie	**dairy**	dè^{eu}ri
librairie	**bookshop**	boukchop
magasin de ...	**... shop**	... chop
chaussures	** shoe shop**	choû chop
diététique	** health food shop**	hèlθ foûd chop
jouets	** toy shop**	toï chop
photo	** camera shop**	kæmeureu chop
souvenirs	** souvenir shop**	«souvenir» chop
sport	** sporting goods shop**	spooting goudz chop
vêtements	** clothes shop**	klôôðz chop
vins et liqueurs	** wine merchant**	ouaïn meûtcheunnt

---

* Il serait plus exact d'écrire: *jeweller's shop* ou *baker's shop*, etc. *shop* signifiant magasin, mais la forme abrégée employée couramment dans la langue parlée a fini par passer même dans la langue écrite.

marché	**market**	mââkit
marché aux puces	**flea market**	flii mââkit
maroquinerie	**leather goods shop**	lèðeu goûdz chop
modiste	**milliner's**	milineuz
opticien	**optician**	opticheunn
papeterie	**stationer's**	stéicheuneuz
parfumerie	**perfumery**	peufyoûmeuri
pâtisserie	**cake shop**	kéik chop
pharmacie	**chemist's**	kèmists
primeur	**greengrocer's**	griinngrôôsseuz
poissonnerie	**fishmonger's**	fichmanngueuz
quincaillerie	**ironmonger's**	aïeunnmanngueuz
supermarché	**supermarket**	syoûpeumââkit
traiteur	**delicatessen**	dèlikeutèsseunn

SALE	**CLEARANCE**
SOLDES	LIQUIDATION

... et services   *... and services*

agence de voyage	**travel agency**	træveul éidjeunnsi
banque	**bank**	bænk
bibliothèque	**library**	laïbreuri
blanchisserie	**laundry**	loondri
coiffeur (dames)	**hairdresser's**	hèᵉᵘdrèsseuz
coiffeur (messieurs)	**barber's**	bââbeuz
cordonnier/bar à talons	**shoemaker's/heel bar**	choûméikeuz/hiil bââ
couturière	**dressmaker**	drèssméikeu
dentiste	**dentist**	dèntist
galerie d'art	**art gallery**	âât gæleuri
garage	**garage**	gærââj
horloger	**watchmaker's**	ouotchméikeuz
institut de beauté	**beauty salon**	byoûti sælonn
objets trouvés (bureau des)	**lost property office**	lost propeuti ofiss
photographe	**photographer's**	feutogreufeuz
police (poste de)	**police station**	peuliiss stéicheunn
poste (bureau de)	**post office**	pôôst ofiss
salon-lavoir	**launderette**	loondeurèt
station d'essence	**petrol station**	pètreul stéicheunn
tailleur	**tailor's**	téileuz
teinturerie	**dry cleaner's**	draï kliineuz
vétérinaire	**veterinarian**	vèteurinèᵉᵘrieunn

Expressions courantes *General expressions*

Où? *Where?*

Où puis-je acheter/trouver ...?	**Where can I buy/find ...?**	ouè^{eu} kæn aï baï/faïnd
Où se trouve le quartier commerçant?	**Where's the main shopping area?**	ouè^{eu}z ðeu méinn chopinng è^{eu}rieu
Y a-t-il un grand magasin ici?	**Is there a department store here?**	iz ðè^{eu} eu dipââtmeunnt stôô hi^{eu}

Service *Service*

Pouvez-vous m'aider?	**Can you help me?**	kæn yoû hèlp mii
Je cherche ...	**I'm looking for ...**	aïm loukinng foo
Je ne fais que regarder.	**I'm just looking.**	aïm djast loukinng
Avez-vous/Vendez vous ...?	**Do you have/sell ...?**	dou yoû hæv/sèl
Je voudrais ...	**I'd like ...**	aïd laïk
Pouvez-vous me montrer ...?	**Can you show me ...?**	kæn yoû chôô mii
celui-là/ceux-là	**that one/those**	ðæt ouann/ðôôz
celui qui est dans la vitrine	**the one in the window**	ðeu ouann inn ðeu ouinndôô

Description de l'article *Defining the article*

Il doit être ...	**I'd like a/an ... one.**	aïd laïk eu/eunn ... ouann
élégant/classique	**elegant/standard**	éligueunnt/stændeud
léger/chaud	**light/warm**	laït/ouoom
moderne/original	**modern/original**	modeunn/euridjineul
solide/bon marché	**sturdy/cheap**	steûdi/tchiip
large/étroit	**wide/narrow**	ouaïd/nærôô
long/court	**long/short**	lonng/choot
rond/carré	**round/square**	raound/skouè^{eu}
ovale/rectangulaire	**oval/rectangular**	ôôveul/rèktænngouleu
Je ne veux pas quelque chose de trop cher.	**I don't want anything too expensive.**	aï dôônt ouannt èniθinng toû ikspènsiv

Préférence *I'd prefer*

Pouvez-vous me montrer autre chose?	**Can you show me something else?**	kæn yoû chôô mii sammθiinng èls
N'avez-vous rien de ...?	**Haven't you anything ...?**	hæveunnt yoû èniθiinng
meilleur marché	**cheaper**	tchiipeu
mieux	**better**	bèteu
plus grand/petit	**larger/smaller**	lââdjeu/smooleu

Combien? *How much?*

Combien coûte ceci?	**How much is this?**	haou match iz ðiss
Je ne comprends pas.	**I don't understand.**	aï dôônt annndeustænd
Pouvez-vous l'écrire?	**Please write it down.**	pliiz raït it daoun
Je ne veux pas dépenser plus de ...	**I don't want to spend more than ...**	aï dôônt ouonnt tou spènd moo ðæn

Décision *Decision*

Je le prends.	**I'll take it.**	aïl téik it
Ce n'est pas tout à fait ce que je veux.	**It's not quite what I want.**	its not kouaït ouot aï ouonnt
La couleur/forme ne me plaît pas.	**I don't like the colour/shape.**	aï dôônt laïk ðeu kaleu/chéip

Autre chose? *Anything else?*

| Non merci, ce sera tout. | **No thanks, that's all.** | nôô θænks ðæts ool |
| Oui, je voudrais ... | **Yes, I'd like ...** | yèss aïd laïk |

Commande *Ordering*

Pouvez-vous me le commander?	**Can you order it for me?**	kæn yoû oodeu it foo mi
Combien de temps cela prendra-t-il?	**How long will it take?**	haou lonng ouil it téik
Je le voudrais dès que possible.	**I'd like it as soon as possible.**	aïd laïk it euz soûn euz possibeul

COULEURS, voir page 111 / CHIFFRES, page 147

Livraison *Delivery*

Je l'emporte.	**I'll take it with me.**	aïl téik it ouïd mii
Faites-le livrer à l'hôtel ..., s.v.p.	**Deliver it to the ... hotel, please.**	dèliveu it tou ðeu ... hôôtèl pliiz
Envoyez-le à cette adresse, s.v.p.	**Please send it to this address.**	pliiz sènd it tou ðiss eudrèss

Payement *Paying*

Combien est-ce?	**How much is it?**	haou match iz it
Puis-je payer avec ...?	**Can I pay by ...?**	kæn aï péi baï
carte de crédit chèque de voyage eurochèque	**credit card traveller's cheque Eurocheque**	krèdit kââd træveuleuz tchèk yoûrôôtchèk
Acceptez-vous l'argent belge/ français/suisse?	**Do you accept Belgian/French/ Swiss money?**	doû yoû æksèpt bèldjeunn/frèntch/ souiss mani
Pouvez-vous déduire la T.V.A.*?	**Can I have the V.A.T. deducted?**	kæn aï hæv ðeu vii éi tii didakteud
Je crois qu'il y a une erreur.	**I think there's a mistake.**	ai θinnk ðèeuz eu mistéik
Puis-je avoir une quittance?	**May I have a receipt?**	méi aï hæv eu rissiit
Pouvez-vous me l'emballer, s.v.p.?	**Could you wrap it up for me, please?**	koud yoû ræp it ap foo mii pliiz
Puis-je avoir un sac, s.v.p.?	**May I have a bag, please?**	méi aï hæv eu bæg pliiz

Mécontent *Dissatisfied*

Pourriez-vous échanger ceci, s.v.p.?	**Can you exchange this, please?**	kæn yoû ikstchéinndj ðiss pliiz
Je voudrais rendre ceci.	**I want to return this.**	aï ouonnt tou riteûnn ðiss

---

* Les voyageurs étrangers effectuant des achats peuvent bénéficier de dérogations dans l'application de la T.V.A. (taxe sur la valeur ajoutée), en anglais *V.A.T.* (*value added tax*). Il faut se renseigner de cas en cas et avoir sur soi une pièce d'identité.

Je voudrais être remboursé.	**I'd like a refund.**	aïd laïk eu riifannd
Voici la quittance.	**Here's the receipt.**	hi^{eu}z ðeu rissiit

---

Can I help you?	Puis-je vous aider?
What would you like?	Que désirez-vous?
I'm sorry, we don't have any.	Je suis désolé(e), nous n'en avons pas.
I'm afraid we're out of stock.	Je crains que notre stock ne soit épuisé.
Shall we order it for you?	Faut-il vous le commander?
Will you take it with you or shall we send it?	L'emportez-vous ou faut-il vous l'envoyer?
Anything else?	Autre chose?
That's ... pounds, please.	Cela fait ... livres, s.v.p.
The cash desk is over there.	La caisse se trouve là-bas.

Dans le grand magasin *At the department store*

Où est ...?	**Where is ...?**	ouè^{eu} iz
A quel étage?	**On which floor?**	onn ouitch flôô
A quel rayon?	**Which department?**	ouitch dipââtmeunnt
Où est l'ascenseur/ l'escalier/l'escalier roulant?	**Where is the lift/staircase/ escalator?**	ouè^{eu}z ðeu lift/stè^{eu}-kéiss/èskeuléiteu
Où se trouve la caisse?	**Where's the cash desk?**	ouè^{eu}z ðeu kæch dèsk
Y a-t-il un service clientèle?	**Is there a custom-ers' service?**	iz ðè^{eu} eu kasteumeuz seûviss

ENTRANCE	ENTRÉE
EXIT	SORTIE
EMERGENCY EXIT	SORTIE DE SECOURS

Appareils électriques et accessoires *Electrical appliances*

Le voltage généralement utilisé est le 240 volts. Il peut s'avérer utile d'emporter un transformateur et un adapteur universel pour les prises.

Avez-vous une pile pour ce/cette ...?	**Do you have a battery for this ...?**	doû yoû hæv eu bæteuri foo ðiss
C'est cassé. Pouvez-vous le réparer?	**This is broken. Can you repair it?**	ðiss iz brôôkeunn. kæn yoû ripè^{eu} it
Pouvez-vous me montrer comment cela fonctionne?	**Can you show me how it works?**	kæn yoû chôô mii haou it oueûks
Je voudrais (louer) une vidéocassette.	**I'd like (to hire) a video cassette.**	aïd laïk (tou haï^{eu}) eu vidiôô keussèt
Je voudrais ...	**I'd like ...**	aïd laïk
amplificateur	**an amplifier**	eunn æmplifaï^{eu}
ampoule	**a bulb**	eu balb
brosse à dents électrique	**an electric toothbrush**	eunn iléktrik toûûbrach
bouilloire	**a kettle**	eu kèteul
calculatrice de poche	**a pocket calculator**	eu pokit kælkyouléiteu
écouteurs	**some headphones**	samm hèdfôônz
fer à repasser (de voyage)	**a (travelling) iron**	eu (træveulinng) aïeunn
fusible	**a fuse**	eu fyoûz
haut-parleurs	**some speakers**	samm spiikeuz
lampe	**a lamp**	eu læmp
de poche	**a torch**	eu tootch
magnétophone	**a tape recorder**	eu téip rikoodeu
magnétoscope	**a video recorder**	eu vidiôô rikoodeu
prise	**a plug**	eu plag
de raccordement	**an adaptor**	eunn eudæpteu
radio	**a radio**	eu réidiôô
autoradio	**a car radio**	eu kââ réidiôô
radio-réveil	**a clock-radio**	eu klok réidiôô
transistor	**a portable radio**	eu pooteubeul réidiôô
rallonge électrique	**an extension cord**	eunn ikstènncheunn kood
rasoir	**a shaver**	eu chéiveu
réveil	**an alarm clock**	eunn eulââm klok
sèche-cheveux	**a hair dryer**	eu hè^{eu} draï^{eu}
téléviseur (couleurs)	**a (colour) television**	eu (kaleu) tèlivijeunn
thermoplongeur	**an immersion heater**	eunn imeûcheunn hiiteu
tourne-disque	**a record player**	eu rèkood pléi^{eu}

DISQUES ET CASSETTES, voir page 127

Bijouterie – Horlogerie   *Jeweller's – Watchmaker's*

Tous les grands magasins ont un rayon de bijouterie et souvent un riche assortiment de bijoux fantaisie. Pour un cadeau de prix, rendez-vous chez un bijoutier. Sans doute avez-vous déjà une idée de ce que vous voulez. Vous trouverez le nom de l'article et celui de la matière que vous recherchez, en consultant les listes ci-dessous.

Pourrais-je voir ceci, s.v.p.	**Could I see this, please?**	koud aï sii ðiss pliiz
Je voudrais quelque chose en or/argent.	**I'd like something in gold/silver.**	aïd laïk **samm**θinng inn gôôld/**silv**eu
Est-ce ...?	**Is this ...?**	iz ðiss
de l'argent (véritable)	**sterling silver**	**steû**linng silveu
de l'or	**gold**	gôôld
argenté	**silver-plated**	silveu **pléit**eud
plaqué or	**gold-plated**	gôôld **pléit**eud
Combien de carats y a-t-il?	**How many carats is this?**	haou **mèn**i **kæ**reuts iz ðiss
Pouvez-vous réparer cette montre?	**Can you repair this watch?**	kæn yoû ripè^{eu} ðiss ouotch
Elle avance/retarde.	**It is fast/slow.**	it iz fââst/slôô
Je voudrais ...	**I'd like ...**	aïd laïk
alliance	**a wedding ring**	eu **ouè**dinng rinng
argenterie	**some silverware**	samm **silv**eu-ouè^{eu}
bague	**a ring**	eu rinng
de fiançailles	**an engagement ring**	eunn **èngué**idjmeunnt rinng
boucles d'oreilles	**some earrings**	samm i^{eu}rinngz
boutons de manchettes	**some cuff links**	samm kaf linnks
bracelet	**a bracelet**	eu **bréiss**leut
-anneau	**a bangle**	eu **bæng**gueul
de montre	**a watch strap**	eu ouotch stræp
breloque	**a charm**	eu tchââm
briquet	**a cigarette lighter**	eu sigueurèt **laït**eu
broche	**a brooch**	eu brôôtch
chaîne/chaînette	**a chain**	eu tchéinn
chapelet	**a rosary**	eu **rôô**zeuri
chevalière	**a signet ring**	eu **sign**eut rinng
coffret à bijoux	**a jewel case**	eu **djoû**eul kéiss

collier	a necklace	eu nèkleuss
de perles	a pearl necklace	eu peûl nèkleuss
couverts	some cutlery	samm katleuri
croix	a cross	eu kross
épingle à cravate	a tie pin	eu taï pinn
étui à cigarettes	a cigarette case	eu sigueurèt kéiss
gourmette	a chain-bracelet	eu tchéinn bréissleut
horloge	a clock	eu klok
montre	a watch	eu ouotch
automatique	an automatic watch	eunn ooteumætik ouotch
bracelet	a wristwatch	eu risstouotch
chronomètre	a stopwatch	eu stopouotch
digitale	a digital watch	eu didjiteul ouotch
à quartz	a quartz watch	eu kouoots ouotch
avec trotteuse	with a second hand	ouiô eu sèkeunnd hænd
pendentif	a pendant	eu pèndeunnt
pendule	a clock	eu klok
pierre précieuse	a gem	eu djèm
réveil	an alarm clock	eunn eulââm klok

ambre	amber	æmbeu
améthyste	amethyst	æmeuôist
argent/argenté	silver/silver-plated	silveu/silveu pléiteud
chrome	chrome	krôôm
corail	coral	koreul
cristal	crystal	kristeul
cristal taillé	cut glass	kat glââss
cuivre	copper	kopeu
diamant	diamond	daïeumeunnd
émail	enamel	inæmeul
émeraude	emerald	èmeureuld
étain	pewter	pyoûteu
ivoire	ivory	aïveuri
jade	jade	djéid
nacre	mother-of-pearl	maðeu ov peûl
onyx	onyx	oniks
or/plaqué or	gold/gold-plated	gôôld/gôôld pléiteud
perle	pearl	peûl
platine	platinum	plætineum
rubis	ruby	roûbi
saphir	sapphire	sæfaïeu
topaze	topaz	tôôpæz
turquoise	turquoise	teûkouoïz

Bureau de tabac *Tobacconist's*

C'est chez les *tobacconist's* (teubækeunists) que vous trouverez
le plus grand choix de cigarettes, cigares et tabac. On en
trouve également un choix plus restreint dans les kiosques, les
grands magasins et les distributeurs automatiques. Chez les
tobacconist's, on trouve en général aussi des journaux et maga-
zines, ainsi que divers articles de confiserie, tels que bonbons,
caramels, chocolat, chewing-gum, etc.

Un paquet de ciga- rettes, s.v.p.	**A packet of ciga- rettes, please.**	eu pækeut ov sigueu**rèts** pliiz
avec filtre	**filter-tipped**	filteu tipt
sans filtre	**without filter**	ouiðaout filteu
mentholées	**menthol**	**mèn**θol
long format	**king-size**	kinng saïz
Est-ce du tabac fort/léger?	**Are they very strong/mild?**	ââ ðéi **vè**ri stronng/ maïld
Avez-vous des ciga- rettes françaises?	**Do you have any French cigarettes?**	doû yoû hæv **è**ni frèntch sigueu**rèts**
J'en voudrais une cartouche.	**I'd like a carton.**	aïd laïk eu **kââ**teunn
Donnez-moi ..., s.v.p.	**Give me ..., please.**	guiv mii ... pliiz
allumettes	**some matches**	samm **mæ**tchiz
bonbons	**some sweets**	samm souiits
briquet	**a lighter**	eu **laï**teu
essence à briquet	**some lighter fluid**	samm **laï**teu floûid
gaz pour briquet	**some lighter gas**	samm **laï**teu gæss

recharge pour
  briquet
	**a refill for a
	  lighter**
		eu **rii**fill foo eu
		  laïteu

caramels	**some toffees**	samm **to**fiz
carte postale	**a postcard**	eu **pôôst**kââd
chewing-gum	**some chewing gum**	samm **tchoû**inng gamm
chocolat	**some chocolate**	samm **tchok**leut
cigares	**some cigars**	samm si**gââz**
étui à cigarettes	**a cigarette case**	eu sigueu**rèt kéi**ss
fume-cigarette	**a cigarette holder**	eu sigueu**rèt hôôl**deu
pipe	**a pipe**	eu païp
cure-pipe	**a pipe tool**	eu païp toûl
nettoie-pipe	**a pipe cleaner**	eu païp **klii**neu
tabac (pour pipe)	**some (pipe) tobacco**	samm (païp) teu**bæ**kôô
timbres-poste	**some stamps**	samm stæmps

Matériel de camping   *Camping equipment*

Je voudrais ...	I'd like ...	aïd laïk
alcool à brûler	some methylated spirits	samm mèθiléitid spirits
allumettes	some matches	samm mætchiz
attirail de pêche	some fishing tackle	samm fiching tækeul
bougies	some candles	samm kændeulz
bouilloire	a kettle	eu kèteul
boussole	a compass	eu kammpeuss
cadenas	a padlock	eu pædlok
canif	a penknife	eu pènnaïf
casserole	a saucepan	eu soosspeunn
chaise (longue)	a (deck) chair	eu (dèk) tchèᵉᵘ
chaise pliante	a folding chair	eu fôôldinng tchèᵉᵘ
charbon de bois	some charcoal	samm tchââkôôl
ciseaux	some scissors	samm sizeuz
clous	some nails	samm néilz
corde	a rope	eu rôôp
couverts	some cutlery	samm katleuri
élément réfrigérant	an ice pack	eunn aïss pæk
gaz butane	some butane gas	samm byoûtéinn gæss
glacière	a cool box	eu koûl boks
gonfleur	an air pump	eunn èᵉᵘ pammp
gourde	a water flask	eu ouooteu flââsk
gril	a grill	eu gril
hamac	a hammock	eu hæmeuk
jerricane	a jerry can	eu djèri kæn
lampe de poche	a torch	eu tootch
lanterne	a lantern	eu lænteunn
lessive	some washing powder	samm ouochinng paoudeu
lit de camp	a camp bed	eu kæmp bèd
maillet	a mallet	eu mælit
mallette à pique-nique	a picnic case	eu piknik kéiss
marteau	a hammer	eu hæmeu
mât de tente	a tent pole	eu tènt pôôl
matelas	a mattress	eu mætriss
pneumatique	an air mattress	eunn èᵉᵘ mætriss
moustiquaire	a mosquito net	eu moskiitôô nèt
ouvre-boîtes	a tin opener	eu tinn ôôpneu
ouvre-bouteilles	a bottle opener	eu boteul ôôpneu
papier aluminium	some tinfoil	samm tinnfoïl
panier	a basket	eu bââskit

pétrole	some paraffin	samm pæreufinn
pinces à linge	some clothes pegs	samm klôôðz pègz
piquets de tente	some tent pegs	samm tènt pègz
poêle à frire	a frying pan	eu fraïinng pæn
produit à vaisselle	some washing-up liquid	samm ouochinng ap likouid
réchaud à gaz	a gas cooker	eu gæss koukeu
sac de couchage	a sleeping bag	eu sliipinng bæg
sac à dos	a rucksack	eu raksæk
sac en plastique	a plastic bag	eu plæstik bæg
seau	a bucket	eu bakit
serviettes en papier	some paper napkins	samm péipeu næpkinnz
table	a table	eu téibeul
pliante	a folding table	eu fôôldinng téibeul
tapis de sol	a groundsheet	eu graoundchiit
tenailles	some pliers	samm plaïeuz
tente	a tent	eu tènt
thermos	a vacuum flask	eu vækyoueum flââsk
tire-bouchon	a corkscrew	eu kookskroû
tournevis	a screwdriver	eu skroûdraïveu
trousse à outils	a tool kit	eu toûl kit
trousse de premiers secours	a first-aid kit	eu feûst éid kit
vaisselle	some crockery	samm krokeuri

Vaisselle *Crockery*

assiettes	plates	pléits
boîte à provisions	food box	foûd boks
gobelets en plastique	plastic cups	plæstik kaps
sous-tasses	saucers	soosseuz
tasses	cups	kaps
grandes tasses	mugs	magz

Couverts *Cutlery*

couteaux	knives	naïvz
cuillères	spoons	spoûnz
à café	teaspoons	tiispoûnz
fourchettes	forks	fooks
(en) acier inoxydable	(made of) stainless steel	(méid ov) stéinnleuss stiil
(en) plastique	(made of) plastic	(méid ov) plæstik

Habillement *Clothing*

Si vous désirez acheter quelque chose de précis, mieux vaut
préparer votre achat en consultant la liste des vêtements page
114. Réfléchissez à la taille, à la couleur, au tissu que vous
désirez. Puis reportez-vous aux pages suivantes.

Généralités *General*

Où y a-t-il un bon magasin de vête-ments?	**Where's there a good clothes shop?**	ouë^euz ðè^eu eu goûd klôôðz chop
Je voudrais un pullo-ver pour ...	**I'd like a pullover for ...**	aïd laïk eu **poulôô**veu foo
femme/homme garçon/fille (de 10 ans)	**a woman/a man a (10-year-old) boy/girl**	eu **wou**meunn/eu mæn eu (tèn yi^eu ôôld) boï/gueûl
Celui qui est dans la vitrine me plaît.	**I like the one in the window.**	aï laïk ðeu ouann inn ðeu **ouinn**dôô
Je voudrais quel-que chose dans ce genre.	**I'd like something like this.**	aïd laïk **samm**θiinng laïk ðiss

Taille *Size*

	Robes/Tricots/Lingerie (Dames)					
GB	6	8	10	12	14	16
F	34	36	38	40	42	44

	Costumes/Pardessus (Messieurs)					Chemises				
GB	34	36	38	40	42	14	$14\frac{1}{2}$	15	$15\frac{1}{2}$	16
F	44	46	48	50	52	36	37	38	39	40

	Chaussures									
GB	3	4	5	$5\frac{1}{2}$	6	$6\frac{1}{2}$	7	$7\frac{1}{2}$	8	9
F	36	37	38	39	$39\frac{1}{2}$	40	$40\frac{1}{2}$	41	42	43

VÊTEMENTS ET ACCESSOIRES, voir page 114

petit	**small (S)**	smool
moyen	**medium (M)**	miidjeum
grand	**large (L)**	lââdj
extra grand	**extra large (XL)**	èkstreu lââdj
plus grand/petit	**larger/smaller**	lââdjeu/smooleu

Je porte du 38.	**I take size 38.**	aï téik saïz θeûti éit
Je ne connaîs pas les tailles anglaises.	**I don't know the English sizes.**	aï dôônt nôô ði innglich saïziz
Pourriez-vous prendre mes mesures?	**Could you measure me?**	koud yoû mèjeu mii

Couleurs *Colours*

argent	**silver**	silveu
beige	**beige**	béij
blanc	**white**	ouaït
bleu	**blue**	bloû
brun	**brown**	braoun
cramoisi	**crimson**	krimmzeunn
crème	**cream**	kriim
écarlate	**scarlet**	skââleut
fauve	**fawn**	foon
gris	**grey**	gréi
jaune	**yellow**	yèlôô
mauve	**mauve**	môôv
noir	**black**	blæk
or	**golden**	gôôldeunn
orange	**orange**	orinndj
rose	**pink**	pinnk
rouge	**red**	rèd
turquoise	**turquoise**	teûkouoïz
vert	**green**	griinn
violet	**violet**	vaï^(eu)leut
... clair	**light ...**	laït
... foncé	**dark ...**	dââk

| **striped** | **polka dots** | **checked** | **patterned** | **plain** |
| (straïpt) | (polkeu dots) | (tchèkt) | (pæteunnd) | (pléinn) |

J'aimerais quelque chose de rouge.	**I'd like something in red.**	aïd laïk **samm**θinng inn rèd
Je voudrais ...	**I'd like ...**	aïd laïk
un ton plus clair/ plus foncé	**a lighter shade/ a darker shade**	eu **laï**teu chéid/ eu **dââ**keu chéid
quelque chose d'assorti à cela	**something to match this**	**samm**θinng tou mætch ðiss
Je voudrais une autre couleur/la même couleur que ...	**I'd like another colour/the same colour as ...**	aïd laïk eunaðeu **kal**eu/ðeu séim **kal**eu æz

Tissus *Fabrics*

Quel genre de tissu est-ce?	**What fabric is it?**	ouot **fæ**brik iz it
Je voudrais quelque chose en ...	**I'd like something in ...**	aïd laïk **samm**θinng inn

batiste	cambric	**kéimm**brik
coton	cotton	**ko**teunn
cuir	leather	**lè**ðeu
daim	suede	**sou**éid
dentelle	lace	léiss
feutre	felt	fèlt
flanelle	flannel	**flæ**neul
laine	wool	woûl
lin	linen	**li**ninn
peigné	worsted	**wou**stid
poil de chameau	camel-hair	**kæ**meul hè^{eu}
satin	satin	**sæ**tinn
soie	silk	silk
tissu éponge	towelling	**taou**^{eu}linng
toile cirée	oilcloth	**oïl**kloθ
toile de jeans	denim	**dè**nim
velours	velvet	**vèl**veut
velours côtelé	corduroy	**ko**deuroï

Je voudrais quelque chose de plus mince/ épais.	**I'd like something thinner/thicker.**	aïd laïk **samm**θinng **θi**neu/**θi**keu
Avez-vous quelque chose de meilleure qualité?	**Do you have anything of a better quality?**	doû yoû hæv æni**θi**nng ov eu **bè**teu **kou**oliti

Est-ce ...?	**Is it ...?**	iz it
pur(e) coton/laine synthétique	**pure cotton/wool synthetic**	pyou^{eu} koteunn/woûl sinnθètik
Est-ce fabriqué ici/importé?	**Is it made here/ imported?**	iz it méid hi^{eu}/ immpooteud
Est-ce fait main?	**Is it handmade?**	iz it hændméid
Peut-on le laver (à la machine)?	**Can I wash it (in the machine)?**	kæn aï ouoch it (inn ðeu meuchiinn)
Est-ce que cela rétrécit au lavage?	**Will it shrink?**	ouil it chrinnk
Est-ce ...?	**Is it ...?**	iz it
grand teint infroissable d'entretien facile	**colourfast crease resistant easy-care**	kaleufââst kriis rizisteunnt iizi kè^{eu}

Puisque nous parlons de tissus:

| Je voudrais 2 mètres de ce tissu. | **I'd like 2 metres of this fabric.** | aïd laïk 2 miiteuz of ðiss fæbrik |
| Quel est le prix du mètre? | **How much is it per metre?** | haou match iz it peû miiteu |

Un bon essayage   *A good fit*

Puis-je l'essayer?	**Can I try it on?**	kæn aï traï it onn
Où est la cabine d'essayage?	**Where's the fitting room?**	ouè^{eu}z ðeu fitinng roûm
Y a-t-il un miroir?	**Is there a mirror?**	iz ðè^{eu} eu mireu
Cela va très bien.	**It fits very well.**	it fits vèri ouèl
Cela ne me va pas.	**It doesn't fit.**	it dazeunnt fit
C'est trop ...	**It's too ...**	its toû
court/long étroit/ample	**short/long tight/loose**	choot/lonng taït/loûss
Pouvez-vous le retoucher?	**Can you alter it?**	kæn yoû oolteu it
Combien de temps faut-il compter pour la retouche?	**How long will it take to alter?**	haou lonng ouil it téik tou oolteu

CHIFFRES, voir page 147

Vêtements *Clothes*

Je voudrais ...	I'd like ...	aïd laïk
bas	**some stockings**	samm **sto**kinngz
bikini	**a bikini**	eu bi**kii**ni
blazer	**a blazer**	eu **blé**izeu
blouse	**a blouse**	eu bla**ouz**
chandail	**a pullover**	eu pou**lôô**veu
chaussettes	**some socks**	samm soks
chemise	**a shirt**	eu cheût
chemise de nuit	**a nightdress**	eu **naït**drèss
collants	**some tights**	samm taïts
complet/costume	**a suit**	eu soût
costume de bain	**a swimsuit**	eu **souim**soût
culotte	**some panties**	samm **pæn**tiz
gaine	**a girdle**	eu **gueû**deul
gilet	**a waistcoat**	eu **ouéist**kôôt
gilet (laine)	**a cardigan**	eu **kââ**digueunn
imperméable	**a raincoat**	eu **réinn**kôôt
jaquette	**a jacket**	eu **djæ**kit
jeans	**some jeans**	samm djiinnz
jupe	**a skirt**	eu skeût
jupon	**a slip**	eu slip
maillot de bain (hommes)	**some swimming trunks**	samm **soui**minng trannks
maillot de corps	**a vest**	eu vèst
manteau	**a coat**	eu kôôt
de fourrure	**a fur coat**	eu feû**kôôt**
de pluie	**a raincoat**	eu **réinn**kôôt
pantalon	**some trousers**	samm **trao**uzeuz
peignoir	**a dressing gown**	eu **drèss**inng gaoun
de bain	**a bathrobe**	eu **bââ**rôôb
porte-jarretelles	**a suspender belt**	eu sas**pènd**eu bèlt
pull(over)	**a pullover/jumper**	eu pou**lôô**veu/**djamm**peu
à manches courtes/longues	**with short/long sleeves**	ouið choot/lonng sliivz
sans manches	**sleeveless**	**sliiv**leuss
à col roulé	**with a polo neck**	ouið eu **pôô**lo nèk
à encolure ronde	**with a round-neck**	ouið eu **raound**nèk
à encolure en V	**with a v-neck**	ouið eu **vii**nèk
pull et cardigan	**a twinset**	eu **touinn**sèt
pyjama	**some pyjamas**	samm peu**djââ**meuz
robe	**a dress**	eu drèss
de chambre	**a dressing gown**	eu **drèss**inng gaoun
du soir	**an evening dress**	eunn **iiv**ninng drèss
salopettes	**some overalls**	samm **ôô**veuroolz

shorts	**some shorts**	samm choots
slip (femmes)	**some panties**	samm pæntiz
slip (hommes)	**some underpants/** **briefs**	samm anndeupænts/ briifs
sous-vêtements	**some underwear**	samm anndeu-ouè^eu
soutien-gorge	**a bra**	eu brââ
survêtement	**a tracksuit**	eu træksoût
tablier	**an apron**	eunn éipreunn
tailleur	**a suit**	eu soût
T-shirt	**a T-shirt**	eu tiicheût
veste de sport	**a sports jacket**	eu spoots djækit
veston	**a jacket**	eu djækit
vêtements d'enfants	**some children's** **clothes**	samm tchildreunnz klôôôz

Accessoires *Accessories*

bretelles	**some braces**	samm bréissiz
bonnet de bain	**a bathing cap**	eu béiðing kæp
casquette	**a cap**	eu kæp
ceinture	**a belt**	eu bèlt
châle	**a shawl**	eu chool
chapeau	**a hat**	eu hæt
cravate	**a tie**	eu taï
foulard	**a scarf**	eu skââf
gants	**a pair of gloves**	eu pè^eu ov glavz
mouchoir	**a handkerchief**	eu hængkeutchif
nœud papillon	**a bow tie**	eu bôô taï
parapluie	**an umbrella**	eunn ammbrèleu
porte-monnaie	**a purse**	eu peûss
sac à main	**a handbag**	eu hændbæg

Petit nécessaire de couture *The quick repair kit*

aiguilles	**some needles**	samm niideulz
boucle	**a buckle**	eu bakeul
bouton	**a button**	eu bateunn
bouton-pression	**a press stud**	eu prèss stad
centimètre	**a tape measure**	eu téip mèjeu
dé à coudre	**a thimble**	eu θimmbeul
élastique	**some elastic**	samm ilæstik
épingles	**some pins**	samm pinnz
de sûreté	**safety pins**	séifti pinnz
fermeture éclair	**a zip**	eu zip
fil	**some thread**	samm θrèd
laine	**some wool**	samm woûl

Chaussures   *Shoes*

Je voudrais une paire de ...	**I'd like a pair of ...**	aïd laïk eu pè^{eu} ov
bottes	**boots**	boûts
en caoutchouc	**Wellington boots**	ouèlinngteunn boûts
en cuir	**leather boots**	lèðeu boûts
chaussures	**shoes**	choûz
plates	**flat shoes**	flæt choûz
à talons (hauts)	**with (high) heels**	ouið (haï) hiilz
de gymnastique	**plimsolls**	plimsölz
de marche	**walking shoes**	ouookinng choûz
de montagne	**climbing shoes**	klaïminng boûts
de tennis	**tennis shoes**	tènis choûz
pantoufles	**slippers**	slipeuz
sandales	**sandals**	sændeulz
Je voudrais des chaussures en ...	**I'd like a pair of ... shoes.**	aïd laïk eu pè^{eu} ov ... choûz
cuir / daim / toile	**leather / suede / canvas**	lèðeu / souéid / kænveuss
Est-ce du cuir véritable?	**Is it real leather?**	iz it rieul lèðeu
Elles sont trop ...	**These are too ...**	ðiiz ââ toû
étroites / larges	**narrow / wide**	nærôô / ouaïd
grandes / petites	**large / small**	lââdj / smool
Avez-vous une pointure plus grande / petite?	**Do you have a larger / smaller size?**	doû yoû hæv eu lââdjeu / smooleu saïz
Avez-vous les mêmes dans une autre couleur?	**Do you have the same in another colour?**	doû yoû hæv ðeu séim inn eunaðeu kaleu
J'ai besoin de crème à chaussures / lacets.	**I need some shoe polish / shoe laces.**	aï niid samm choû polich / choû léissiz

Réparation de chaussures   *Shoe repairs*

Pouvez-vous réparer ces chaussures?	**Can you repair these shoes?**	kæn yoû ripè^{eu} ðiiz choûz
Je voudrais un ressemelage complet.	**I'd like them soled and heeled.**	aïd laïk ðèm sôôld ænd hiild
Quand seront-elles prêtes?	**When will they be ready?**	ouèn ouil ðéi bii rèdi

POINTURES, voir page 110

Librairie – Papeterie   *Bookshop – Stationer's*

En Angleterre, les librairies et les papeteries sont en général distinctes et on achète les journaux et les revues dans des kiosques (*newsstand* – **nyoûz**stænd) ou chez le marchand de journaux (*newsagent's* – **nyoûz**éidjeunnts).

Où est le/la ... le/la plus proche?	**Where's the nearest ...?**	ouè^{eu}z ðeu ni^{eu}rist
kiosque à journaux	**newsstand**	nyoûzstænd
librairie	**bookshop**	boukchop
papeterie	**stationer's**	stéicheuneuz
Où puis-je acheter un journal belge/ français/suisse?	**Where can I buy a Belgian/French/ Swiss newspaper?**	ouè^{eu} kæn aï baï eu bèldjeunn/frèntch/ souiss nyoûzpéipeu
Avez-vous des revues françaises?	**Do you have French magazines?**	doû yoû hæv frèntch mægueuziinnz
Je voudrais un/une ...	**I'd like ...**	aïd laïk
carte routière	**a road map**	eu rôôd mæp
guide	**a guidebook**	eu gaïdbouk
de voyage	**a travel guide**	eu træveul gaïd
plan de ville	**a street map**	eu striit mæp

En librairie   *At the bookshop*

Avez-vous des livres français?	**Do you have any French books?**	doû yoû hæv èni frèntch bouks
Avez-vous des livres d'occasion?	**Do you have second-hand books?**	doû yoû hæv sèkeunnd-hænd bouks
Je voudrais un roman en anglais (pas trop difficile).	**I'd like an English novel (that is easy to read).**	aïd laïk eunn innglich noveul (ðæt iz iizi tou riid)
Je voudrais ...	**I'd like ...**	aïd laïk
dictionnaire	**a dictionary**	eu dikcheuneuri
anglais-français	**an English-French dictionary**	eunn innglich-frèntch dikcheuneuri
français-anglais	**a French/English dictionary**	eu frèntch-innglich dikcheuneuri
de poche	**a pocket dictionary**	eu pokit dikcheuneuri

livre	a book	eu bouk
d'enfants	a children's book	eu tchildreunnz bouk
de grammaire	a grammar book	eu græmeu bouk
d'images	a picture book	eu piktcheu bouk
de poche	a paperback	eu péipeubæk
roman policier	a detective story	eu ditèktiv stoori

Papeterie *Stationer's*

Je voudrais ...	I'd like ...	aïd laïk
agenda	a diary	eu daïeuri
bloc à dessins	a sketch pad	eu skètch pæd
bloc-notes	a note pad	eu nôôt pæd
boîte de peinture	a paint-box	eu péinnt boks
cahier	an exercise book	eunn èkseusaïz bouk
calendrier	a calendar	eu kæleunndeu
calepin	a notebook	eu nôôtbouk
carnet d'adresses	an address book	eunn eudrèss bouk
carte postale	a postcard	eu pôôstkââd
cartes à jouer	a pack of playing cards	eu pæk ov pléiinng kââdz
colle	some glue	samm gloû
crayon (de couleur)	a (coloured) pencil	eu (kaleud) pènsil
élastiques	some rubber bands	samm rabeu bændz
encre	some ink	samm innk
enveloppes	some envelopes	samm ènveulôôps
étiquettes (auto-collantes)	some (adhesive) labels	samm (ædhiiziv) léibeulz
ficelle	some string	samm strinng
gomme	a rubber	eu rabeu
papier à dessin	some drawing paper	samm drooinng péipeu
papier à lettres	some notepaper	samm nôôtpéipeu
papier carbone	some carbon paper	samm kââbeunn péipeu
papier d'emballage (cadeau)	some (gift) wrapping paper	samm (guift) ræpinng péipeu
plume réservoir	a fountain pen	eu faountinn pèn
punaises	some drawing pins	samm drooinng pinnz
recharge (stylo)	a refill (for a pen)	eu riifill (foo eu pèn)
règle	a ruler	eu roûleu
ruban adhésif	some adhesive tape	samm ædhiiziv téip
ruban (machine)	a typewriter ribbon	eu taïpraïteu ribeunn
stylo	a pen	eu pèn
à bille	a ballpoint pen	eu boolpoïnt pèn
feutre	a felt-tip pen	eu fèlt tip pèn
mine	a propelling pencil	eu propèlinng pènsil
taille-crayon	a pencil sharpener	eu pènsil chââpeuneu

Magasin d'alimentation *Grocer's*

Puis-je me servir ?	**May I help myself ?**	méi aï hèlp maïsèlf
Je voudrais des biscuits (secs), s.v.p.	**I'd like some (dry) biscuits, please.**	aïd laïk samm (draï) biskits pliiz
Quelle sorte de fromage avez-vous ?	**What sort of cheese do you have ?**	ouot sôôt ov tchiiz doû yoû hæv
Avez-vous du pain ?	**Do you sell bread ?**	doû yoû sèl brèd
Donnez-moi..., s.v.p.	**Please give me ...**	pliiz guiv mii
celui-là	**that one**	ðæt ouann
celui sur l'étagère	**the one on the shelf**	ðeu ouann onn ðeu chèlf
Je prendrai un de ceux-là, s.v.p.	**I'll have one of those, please.**	aïl hæv ouann ov ðôôz pliiz
Je voudrais ...	**I'd like ...**	aïd laïk
une livre de pommes	**a pound of apples**	eu paound ov æpeulz
une demi-livre de cerises	**half a pound of cherries**	hââf eu paound ov tchèriiz
une boîte de pêches	**a tin of peaches**	eu tinn ov piitchiz
une boîte de caramels	**a box of toffees**	eu boks ov tofiz
une bouteille de vin	**a bottle of wine**	eu boteul ov ouaïn
un paquet de thé	**a packet of tea**	eu pækit ov tii
une plaque de chocolat	**a bar of chocolate**	eu bââ ov tchokleut
un pot de confiture	**a jar of jam**	eu djââ ov djæm
une tranche de jambon	**a slice of ham**	eu slaïss ov hæm
un tube de moutarde	**a tube of mustard**	eu tyoûb ov masteud

Poids et mesures * *Weights and measures*

1 oz = an ounce (eunn aounss − une once)	=	28,4 grammes
1 lb = a pound (eu paound − une livre)	=	453,6 grammes
1 kg (a kilo − eu kilôô)	=	2,2 lb
100 g (grams − græmz)	=	3,5 oz

1 pint (païnt) = 0,57 l	1 litre (liiteu) = 1,76 pints
1 gallon (gæleunn) = 4,5 l	

* Officiellement, la Grande-Bretagne a passé au système décimal, mais dans l'usage courant, on utilise souvent les anciens poids et mesures.

PROVISIONS, voir également page 63

Opticien   *Optician*

Je voudrais ...	**I'd like ...**	aïd laïk
étui à lunettes	**a spectacle case**	eu **spèk**teukeul **kéiss**
jumelles	**a pair of bino-culars**	eu pè^{eu} ov binokyouleuz
loupe	**a magnifying glass**	eu **mægnifa**ïinng **glââss**
lunettes	**some glasses**	samm **glââss**iz
lunettes de soleil	**a pair of sun-glasses**	eu pè^{eu} ov **sann**-glââssiz
verres de contact	**some contact lenses**	samm **konn**tækt **lènz**iz
J'ai cassé mes lunettes.	**I've broken my glasses.**	aïv **brôô**keunn maï **glââss**iz
Pouvez-vous les réparer?	**Can you repair them?**	kæn yoû ripè^{eu} ðèm
Quand seront-elles prêtes?	**When will they be ready?**	ouèn ouil ðéi bii **rèd**i
Pouvez-vous changer les verres?	**Can you change the lenses?**	kæn yoû **tchéinn**dj ðeu **lènz**iz
Je voudrais des verres teintés.	**I'd like tinted lenses.**	aïd laïk **tinn**teud **lènz**iz
La monture est cassée.	**The frame is broken.**	ðeu fréim iz **brôô**keunn
Je voudrais faire contrôler ma vue.	**I'd like to have my eyesight checked.**	aïd laïk tou hæv maï **aïs**aït **tchèk**t
Je suis myope/ presbyte.	**I'm short-sighted/ long-sighted.**	aïm **choot**-saïteud/ **lonng**-saïteud
J'ai perdu un verre de contact.	**I've lost one of my contact lenses.**	aïv lost ouann ov maï **konn**tækt **lènz**iz
Pouvez-vous m'en donner un autre?	**Could you give me another one?**	koud yoû guiv mii eun**aðeu** ouann
J'ai des verres de contact durs/ souples.	**I have hard/soft contact lenses.**	aï hæv **hââd**/soft **konn**tækt **lènz**iz
Avez-vous un liquide pour verres de contact?	**Do you have any contact-lens fluid?**	doû yoû hæv èni **konn**tæktlènz **flo**ûid
Puis-je me voir dans une glace?	**May I look in a mirror?**	méi aï louk inn eu **mir**eu

Pharmacie – Droguerie *Chemist's*

Il n'y a pas de différence, en Grande-Bretagne, entre les pharmacies et les parfumeries. Dans la plupart des pharmacies, vous pouvez acheter tous les produits pharmaceutiques, des articles de toilette ainsi qu'un grand nombre de cosmétiques et de parfums de marques françaises et étrangères.

Quelques pharmacies sont ouvertes toute la nuit. Un avis indiquant le *all-night chemist's* le plus proche est accroché à la porte de toutes les pharmacies.

Pour vous permettre une lecture plus aisée, nous avons divisé ce chapitre en deux parties:

1. Pharmacie – Médicaments, premiers soins, etc.
2. Hygiène – Cosmétiques, etc.

Où est la pharmacie (de service) la plus proche?	**Where's the nearest (all-night) chemist's?**	ouè^{eu}z ðeu ni^{eu}rist (ool naït) kèmists
A quelle heure ouvre/ferme la pharmacie?	**What time does the chemist's open/close?**	ouot taïm daz ðeu kèmists ôôpeunn/klôôz

1. Pharmacie – Médicaments *Pharmaceutical*

Je voudrais quelque chose contre …	**I'd like something for …**	aïd laïk samm0inng foo
constipation	**constipation**	konnstipéicheunn
coup de soleil	**sunburn**	sannbeûn
fièvre	**a fever**	eu fiiveu
«gueule de bois»	**a hangover**	eu hængôôveu
indigestion	**indigestion**	inndidjèstcheunn
mal de tête	**a headache**	eu hèdéik
mal de voyage	**travel sickness**	træveul sikniss
nausée	**nausea**	noozieu
piqûres d'insectes	**insect bites**	innsèkt baïts
rhume	**a cold**	eu kôôld
rhume des foins	**hayfever**	héifiiveu
toux	**a cough**	eu kof
Avez-vous des produits homéopathiques?	**Do you have any homeopathic remedies?**	dou yoû hæv èni hôômiopæ0ik rèmidiz

MÉDECIN, voir page 137

Je voudrais ...	I'd like ...	aïd laïk
analgésique	an analgesic	eunn æneuldjiizik
aspirines	some aspirins	samm æspeurinnz
bandage	a bandage	eu bændidj
bandage élastique	an elastic bandage	eunn ilæstik bændidj
coton hydrophile	some cotton wool	samm koteunn woûl
désinfectant	a disinfectant	eu dissinnfèkteunnt
emplâtres pour cors	some corn plasters	samm koon plââsteuz
gargarisme	some mouthwash	samm maouθouoch
gaze	some gauze	samm gooz
gouttes ...	some ... drops	samm ... drops
pour le nez	some nose drops	samm nôôz drops
pour les oreilles	some ear drops	samm i^{eu} drops
pour les yeux	some eye drops	samm aï drops
insecticide	an insect spray	eunn innsèkt spréi
laxatif	a laxative	eu lækseutiv
mouchoirs en papier	some tissues/paper handkerchiefs	samm tichoûz/péipeu hænkeutchivz
pansement	a bandage	eu bændidj
pansement adhésif	some Elastoplast	samm ilæsteuplââst
pastilles pour la gorge	some throat lozenges	samm θrôôt lozinndjiz
pilules digestives	some indigestion tablets	samm inndidjèstcheunn tæblits
pommade anti-septique	some antiseptic cream	samm æntisèptik kriim
préservatifs	some condoms	samm konndeumz
protection contre les insectes	an insect repellent	eunn innsèkt ripèleunnt
serviettes hygiéni-ques	some sanitary towels	samm sæniteuri taou^{eu}lz
sirop contre la toux	a cough syrup	eu kof sireup
somnifères	some sleeping pills	samm sliipinng pilz
sparadrap	some Elastoplast	samm ilæsteuplââst
suppositoires	some suppositories	samm seupoziteuriz
tampons hygiéniques	some tampons	samm tæmpeunnz
teinture d'iode	some iodine	samm aï^{eu}dinn
thermomètre	a thermometer	eu θeumomiteu
tranquillisants	some tranquillizers	samm trænkouilaïzeuz
trousse de premiers secours	a first-aid kit	eu feûst éid kit

POISON	POISON
FOR EXTERNAL USE ONLY	USAGE EXTERNE

PARTIES DU CORPS, voir page 138

2. Hygiène – Cosmétiques   *Toiletry*

Je voudrais ...	I'd like ...	aïd laïk
bain de mousse	**some bubble bath**	samm **b**abeul bââθ
blaireau	**a shaving brush**	eu **ché**ivinng brach
brosse à dents	**a toothbrush**	eu toûθbrach
brosse à ongles	**a nail brush**	eu néil brach
ciseaux à ongles	**some nail scissors**	samm néil sizeuz
coton/serviettes à démaquiller	**some make-up remover pads**	samm méik eup rimoûveu pædz
coupe-ongles	**some nail clippers**	samm néil klipeuz
crayon pour les yeux	**an eyebrow pencil**	eunn **aï**brau **pè**nsil
crème ...	**some cream ...**	samm kriim
pour peau sèche/ normale/grasse	**for dry/normal greasy skin**	foo draï/**noo**meul/ **gri**ssi skinn
démaquillante	**cleansing cream**	**klè**nzinng kriim
hydratante	**moisturizing cream**	**moï**stcheuraïzing kriim
jour/nuit	**day/night cream**	déi/naït kriim
pour les mains	**hand cream**	hænd kriim
pour les pieds	**foot cream**	fout kriim
protectrice	**barrier cream**	**bæ**rieu kriim
à raser	**shaving cream**	**ché**ivinng kriim
solaire	**sun-tan cream**	**s**anntæn kriim
dentifrice	**some toothpaste**	samm **t**oûθpéist
déodorant	**some deodorant**	samm diiôôdeureunnt
dépilatoire	**a depilatory cream**	eu diipileuteuri kriim
dissolvant	**some nail polish remover**	samm néil polich rimoûveu
eau de toilette	**some toilet water**	samm **t**oïleut ouooteu
éponge	**a sponge**	eu spanndj
fard à joue	**a blusher**	eu **b**lacheu
fard à paupières	**some eye shadow**	samm aï chædôô
fond de teint	**some foundation cream**	samm faoundéicheunn kriim
huile solaire	**some sun-tan oil**	samm **s**anntæn oïl
lait démaquillant	**some cleansing milk**	samm **k**lènzinng milk
lames de rasoir	**some razor blades**	samm **ré**izeu bléidz
lime à ongles	**a nail file**	eu néil faïl
lotion après-rasage	**some after-shave lotion**	samm **ââf**teu chéiv lôôcheunn
lotion hydratante pour le corps	**some body lotion**	samm bodi lôôcheunn
lotion tonique	**a toning lotion**	eu tôôninng lôôcheunn
mousse à raser	**some shaving mousse**	samm **ché**ivinng mouss

papier hygiénique	**some toilet paper**	samm toïleut péipeu
parfum	**some perfume**	samm peûfyoûm
pince à épiler	**some tweezers**	samm touiizeuz
pommade pour les lèvres	**some lipsalve**	samm lipsælv
poudre	**some powder**	samm paoudeu
pour le visage	**face powder**	féiss paoudeu
rasoir	**a razor**	eu réizeu
rouge à lèvres	**a lipstick**	eu lipstik
savon	**some soap**	samm sôôp
savon à raser	**some shaving soap**	samm chéivinng sôôp
sels de bain	**some bath salts**	samm bââθ soolts
serviette de toilette	**a towel**	eu taou^{eu}l
talc	**some talcum powder**	samm tælkeumm paoudeu
trousse de toilette	**a toilet bag**	eu toïleut bæg
vernis à ongles	**some nail polish**	samm néil polich

Pour vos cheveux *For your hair*

barrette	**a hair slide**	eu hè^{eu} slaïd
bigoudis	**some curlers**	samm keûleuz
brosse à cheveux	**a hairbrush**	eu hè^{eu}brach
épingles à cheveux	**some hairpins**	samm hè^{eu}pinnz
fixatif	**a setting lotion**	eu sètinng lôôcheunn
gel	**some hair gel**	samm hè^{eu} djèl
laque	**some hair spray**	samm hè^{eu} spréi
lotion capillaire	**some hair lotion**	samm hè^{eu} lôôcheunn
peigne	**a comb**	eu kôôm
perruque	**a wig**	eu ouig
shampooing	**a shampoo**	eu chæmpoû
pour cheveux gras/ normaux/secs	**for greasy/ normal/dry hair**	foo grissi noomeul/draï hè^{eu}
antipelliculaires	**dandruff shampoo**	dændreuf chæmpoû
colorant	**a colour shampoo**	eu kaleu chæmpoû
sec	**a dry shampoo**	eu draï chæmpoû
teinture	**some dye**	samm daï

Pour le bébé *For the baby*

aliments pour bébé	**some baby food**	samm béibi foûd
biberon	**a feeding bottle**	eu fiidinng boteul
couches-culotte	**some nappies**	samm næpiiz
tétine	**a dummy**	eu dami

Photos (magasin de)   *Camera shop*

Je voudrais un appareil de photos...	**I'd like ... camera.**	aïd laïk ... **kæmeureu**
automatique	**an automatic**	eunn ooteumætik
bon marché	**an inexpensive**	eunn innèkspènsiv
simple	**a simple**	eu **simmpeul**
Montrez-moi des caméras/vidéo-caméras, s.v.p.	**Show me some cine/video cameras, please.**	chôô mii samm sini/vidiôô **kæmeureuz pliiz**
Avez-vous un prospectus?	**Do you have a brochure?**	doû yoû hæv eu **brôôcheu**
Je voudrais faire faire des photos d'identité.	**I'd like to have some passport photos taken.**	aïd laïk tou hæv samm **pââspoot** fôôtôôz **téikeunn**

Films   *Films*

Je voudrais un film pour cet appareil.	**I'd like a film for this camera, please.**	aïd laïk eu film foo ðiss **kæmeureu pliiz**
noir et blanc	**black and white**	blæk ænd ouaït
en couleurs	**colour film**	**kaleu** film
pour diapositives	**colour slides**	**kaleu** slaïdz
cassette	**a cartridge**	eu **kââtridj**
film-disque	**a disc film**	eu disk film
rouleau de pellicule	**a roll film**	eu rôôl film
24/36 poses	**24/36 exposures**	touèntifoo/θeûtisiks èkspôôjeuz
ce format	**this size**	ðiss saïz
ce chiffre ASA/DIN	**this ASA/DIN number**	ðiss éi èss éi/dinn **namm**beu
à grain fin	**fine grain**	faïn gréinn
pour lumière artificielle/ de jour	**artificial light type/daylight type**	ââtificheul laït taïp/**déi**laït taïp
ultra sensible	**fast**	fââst

Développement   *Processing*

Combien coûte le développement?	**How much do you charge for processing?**	haou match doû yoû tchââdj foo prôôsèssinng

Je voudrais ... copies de chaque négatif.	I'd like ... prints of each negative.	aïd laïk ... prinnts ov iitch **nè**gueutiv
sur papier glacé	with a glossy finish	ouið eu **glossi finnich**
sur papier mat	with a mat finish	ouið eu **mæt finnich**
Pouvez-vous agrandir ceci, s.v.p.?	Will you enlarge this, please?	ouil yoû **è**n**lââdj** ðiss pliiz
Quand les photos seront-elles prêtes?	When will the photos be ready?	ouèn ouil ðeu **fôôtôôz** bii **rè**di

Accessoires *Accessories*

Je voudrais ...	I'd like ...	aïd laïk
capuchon d'objectif	a lens cap	eu **lè**nz kæp
déclencheur	a cable release	eu **kéi**beul **ri**liiss
étui (pour appareil)	a camera case	eu **kæ**meureu **kéi**ss
filtre	a filter	eu **fil**teu
noir/blanc	for black and white	foo blæk ænd ouaït
couleur	for colour	foo **ka**leu
UV	UV filter	yoû vii **fil**teu
flash	a flash	eu flæch
électronique	an electronic flash	eunn i**lèk**tronnik flæch
cubes flash	some flash cubes	samm flæch kyoûbz
objectif	a lens	eu **lè**nss
grand angle	a wide-angle lens	eu **ouaïd æn**gueul **lè**nss
téléobjectif	a telephoto lens	eu **tè**li**fôôtôô lè**nss
pare-soleil	a lens shade	eu **lè**nss chéid
trépied	a tripod	eu **traï**pod

Réparations *Repairs*

Pouvez-vous réparer cet appareil?	Can you repair this camera?	kæn yoû ri**pè**eu ðiss **kæ**meureu
Le film est bloqué.	The film is jammed.	ðeu film iz djæmd
Quelque chose ne va pas avec le/la ...	There's something wrong with the ...	ðè**eu**z **samm**θiinng ronng ouið ðeu
compte-poses	exposure counter	èks**pôô**jeu **kaou**nteu
glissière du flash	flash attachment	flæch eu**tætch**meunnt
levier d'avancement	film winder	film **ouaï**ndeu
obturateur	shutter	**cha**teu
posemètre	light meter	**laï**tmiiteu
télémètre	rangefinder	**réi**nndjfaïnndeu

CHIFFRES, voir page 147

Divers *Miscellaneous*

Souvenirs *Souvenirs*

Dans ce domaine le choix ne manque pas. La réputation des cachemires, des lainages en général et des tissus anglais n'est plus à faire. Il en va de même pour la porcelaine et les antiquités. Pour les bourses plus modestes, il y a un choix immense de livres, disques, articles de sport et cosmétiques à des prix intéressants. N'oubliez surtout pas les tabacs et pipes ainsi que les spécialités alimentaires, telles que thé, biscuits, marmelade d'orange, etc. Une bonne partie de ces objets sont soumis à la T.V.A. que vous pouvez vous faire rembourser à la douane à certaines conditions.

antiquités	**antiques**	æntiiks
biscuits	**biscuits**	biskits
lainages	**knitwear**	nitouè^eu
porcelaine	**china**	tchaïneu
thé	**tea**	tii
tissus	**fabrics**	fæbriks

Spécialités écossaises:

cornemuse	**bagpipes**	bægpaïps
kilt	**kilt**	kilt
tissus écossais	**tartan**	tââteunn

Spécialités irlandaises:

dentelle	**lace**	léiss
lin	**linen**	lininn
objets en émail	**enamel**	inæmeul
objets en jonc/paille	**rushwork**	rachoueûk

Disques – Cassettes *Records – Cassettes*

Avez-vous des disques de ...?	**Do you have any records by ...?**	doû yoû hæv èni rèkoodz baï
Je voudrais ...?	**I'd like ...**	aïd laïk
disque compact	**a compact disc (CD)**	eu kommpækt disk (sii dii)
cassette (vierge)	**a (blank) cassette**	eu (blænk) keussèt
vidéocassette	**a video cassette**	eu vidiôô keussèt

33 tours	L.P.	èl-pii
Super 45 tours	E.P.	ii-pii
45 tours simple	single	sinngueul

| Avez-vous des chansons de ...? | Do you have any songs by ...? | doû yoû hæv èni sonngz baï |
| Puis-je écouter ce disque? | Can I listen to this record? | kæn aï lisseunn tou ðiss rèkood |

musique	music	myoûzik
chorale	vocal music	vôôkeul myoûzik
classique	classical music	klæssikeul myoûzik
de chambre	chamber music	tchéimmbeu myoûzik
folklorique	folk music	fôôk myoûzik
instrumentale	instrumental music	innstreumènteul myoûzik
légère	light music	laït myoûzik
pop	pop music	pop myoûzik
symphonique	orchestral music	ookèsstreul myoûzik

Jouets *Toys*

Je voudrais un jeu/jouet ...	I'd like a game/ a toy ...	aïd laïk eu guéim/ eu toï
pour un garçon	for a boy	foo eu boï
pour une fillette de 5 ans	for a 5-year-old girl	foo eu faïv yi[eu] ôôld gueûl
auto miniature	a toy car	eu toï kââ
ballon (de plage)	a (beach) ball	eu (biitch) bool
jeu de cartes	a card game	eu kââd guéim
jeu de construction	some building blocks	samm bilding bloks
jeu de dés	a dice game	eu daïss guéim
jeu d'échecs	a chess set	eu tchèss sèt
jeu électronique	an electronic game	eunn ilèktronnik guéim
livre à colorier	a colouring book	eu kaleurinng bouk
ours en peluche	a teddy bear	eu tèdi bè[eu]
palmes	some flippers	samm flipeuz
patins à roulettes	some roller skates	samm rôôleu skéits
planche à roulettes	a skateboard	eu skéitbood
poupée	a doll	eu dol
vêtements de poupée	some doll's clothes	samm dolz klôôôz
puzzle	a jigsaw puzzle	eu djigsoo pazeul
seau et pelle	a bucket and spade	eu bakit ænd spéid
train électrique	an electrical train	eunn ilèktrikeul tréinn

CHIFFRES, voir page 147

Votre argent: Banque — Change

Unité monétaire *Currency*

La livre sterling (*pound sterling* – paound **steû**linng; abrégée **£**)
vaut 100 nouveaux *pence* (pènss; abrégés *p* – pii).

Billets: £5, £10, £20, £50.
Pièces: 1p, 2p, 5p, 10p, 20p, 50p, £1

Heures d'ouverture *Opening hours*

Les banques sont généralement ouvertes du lundi au vendredi
de 9 h. 30 à 15 h. 30; quelques succursales sont ouvertes le
samedi matin. Dans les gares centrales, les aéroports et les
terminaux aériens, succursales bancaires et bureaux de
change sont ouverts plus longtemps et travaillent le week-end.

Où est la banque la plus proche?	**Where's the nearest bank?**	ouè^(eu)z ðeu ni^(eu)rist bænk
Y a-t-il un bureau de change?	**Is there a currency exchange office?**	iz ðè^(eu) eu kareunnsi èkstchéinndj ofiss
Quand ouvre/ferme-t-il/elle?	**When does it open/ close?**	ouèn daz it ôôpeunn/ klôôz

N.B. L'usage des cartes de crédit est très répandu. Les hôtels,
magasins et restaurants affichent à l'entrée le symbole des
cartes qu'ils acceptent. En revanche, il vaut mieux changer les
chèques de voyage dans une banque ou un bureau de change.
N'oubliez pas votre passeport pour ces opérations.

Faites attention au taux de change qui peut varier énormé-
ment d'un établissement à l'autre ainsi que les commissions
qui doivent être clairement annoncées.

A la banque *At the bank*

Je voudrais changer des francs ...	**I'd like to change some ... francs.**	aïd laïk tou tchéinndj samm ... frænnks
belges	**Belgian**	bèldjeunn
français	**French**	frèntch
suisses	**Swiss**	souiss
Quel est le cours du change?	**What's the exchange rate?**	ouots ði èkstchéinndj réit
Donnez-moi des billets de ... livres, s.v.p.	**Give me some ...-pound-notes, please.**	guiv mii samm ...-paound-nôôts pliiz
J'ai besoin de petite monnaie.	**I need some small change.**	aï niid samm smool tchéinndj
Je voudrais encaisser un ...	**I'd like to cash ...**	aïd laïk tou kæch
chèque de voyage	**a traveller's cheque**	eu trævleuz tchèk
eurochèque	**a Eurocheque**	eu yoûrôôtchèk
Voici mon passeport.	**Here's my passport.**	hieuz maï pââspoot
Quelle commission prenez-vous?	**How much commission do you charge?**	haou match keumicheunn doû yoû tchââdj
Puis-je toucher un chèque à ordre?	**Can I cash a personal cheque?**	kæn aï kæch eu peûseuneul tchèk
J'ai ...	**I have ...**	aï hæv
carte de crédit	**a credit card**	eu krèdit kââd
lettre de crédit	**a letter of credit**	eu lèteu ov krèdit
lettre de recommandation de ...	**an introduction from ...**	eunn inntreudakcheunn from
J'attends de l'argent de ... Est-il déjà arrivé?	**I'm expecting some money from ... Has it arrived?**	aïm èkspèktinng samm mani from ... hæz it euraïvd

Dépôts – Retraits *Deposits – Withdrawals*

Je voudrais ...	**I'd like to ...**	aïd laïk tou
ouvrir un compte	**open an account**	ôôpeunn eunn eukaount
retirer ... livres	**withdraw ... pounds**	ouiðroo ... paoundz
verser ceci sur mon compte	**pay this into my account**	péi ðiss inntou maï eukaount
Où dois-je signer?	**Where should I sign?**	ouèeu choud aï saïn

CHIFFRES, voir page 147

Termes d'affaires   *Business terms*

Je m'appelle ...	**My name is ...**	maï néim iz
Voici ma carte.	**Here's my card.**	hi^{eu}z maï kââd
J'ai rendez-vous avec ...	**I have an appointment with ...**	aï hæv eunn eupoïntmeunnt ouïð
Pouvez-vous me donner un devis (estimatif)?	**Can you give me an estimate of the cost?**	kæn yoû guiv mii eunn éstimeut ov ðeu kost
Quel est le taux d'inflation?	**What's the rate of inflation?**	ouots ðeu réit ov innfléicheunn
Pourriez-vous me procurer un(e) ...?	**Could you provide me with ...?**	koud yoû provaïd mii ouïð
interprète	**an interpreter**	eunn innteûpriteu
secrétaire	**a secretary**	eu sèkreutri
traducteur/-trice	**a translator**	eu trænsléiteu
Où puis-je faire des photocopies?	**Where can I make photocopies?**	ouè^{eu} kæn aï méik fôôtôôkopiz

achat	**purchase**	peûtchiss
action	**share**	chè^{eu}
balance/bilan	**balance**	bæleunns
bénéfice	**profit**	profit
capital	**capital**	kæpiteul
carnet de chèques	**cheque book**	tchèk bouk
contrat	**contract**	konntrækt
crédit	**credit**	krèdit
escompte	**discount**	diskaount
facture	**invoice**	innvoïss
frais	**expenses**	ikspènsiz
hypothèque	**mortgage**	mooguidj
intérêt	**interest**	inntrèst
paiement	**payment**	péimeunnt
perte	**loss**	loss
placement	**investment**	innvèstmeunnt
pourcentage	**percentage**	peusènntidj
rabais	**reduction**	ridakcheunn
somme	**amount**	eumaount
taux d'intérêt	**interest rate**	inntrèst réit
transfert	**transfer**	trænsfeû
valeur	**value**	vælyoû
vente	**sale**	séil

Poste — Téléphone

A la poste   *At the post office*

Les bureaux de poste, dénommés *post office* (pôôst **o**fiss) sont en général ouverts de 9 h. à 17 h. 30 ou 18 h. (le samedi jusqu'à 12 h. 30). Ils sont fermés le dimanche et les jours fériés.

En plus des boîtes aux lettres situées à l'intérieur et à l'extérieur des bureaux de poste, vous trouverez partout des *pillar-boxes* (**pi**leuboksiz – bornes postales). Elles sont peintes en rouge vif.

On peut se procurer des timbres uniquement dans les bureaux de poste ou dans les bureaux auxiliaires (ou encore dans certains magasins pour les petits villages).

Où est la poste la plus proche?	**Where's the nearest post office?**	ouè^(eu)z ðeu ni^(eu)rist pôôst ofiss
A quelle heure ouvre/ferme le bureau de poste?	**What time does the post office open/close?**	ouot taïm daz ðeu pôôst ofiss ôôpeunn/ klôôz
Je voudrais un timbre pour cette lettre/carte postale, s.v.p.	**I'd like a stamp for this letter/ postcard, please.**	aïd laïk eu stæmp foo ðiss lèteu/ pôôstkââd pliiz
Combien coûte le port d'une lettre pour la ...?	**What's the post-age for a letter to ...?**	ouots ðeu pôôstidj foo eu lèteu tou
Belgique	**Belgium**	bèldjeumm
France	**France**	frâânss
Suisse	**Switzerland**	souitseuleunnd
Où est la boîte aux lettres?	**Where's the letter box?**	ouè^(eu)z ðeu lèteu boks
Je voudrais envoyer ceci ...	**I'd like to send this ...**	aïd laïk to sènd ðiss
par avion	**by airmail**	baï è^(eu)méil
par exprès	**express**	èksprèss
recommandé	**by registered mail**	baï rèdjisteud méil

Je voudrais envoyer un paquet à l'étranger.	I'd like to send a parcel abroad.	aïd laïk tou sènd eu pââsseul eubrood
Dois-je remplir une déclaration pour la douane?	Do I have to fill in a customs declaration form?	doû aï hæv tou fil inn eu kasteummz dèkleuréicheunn foom
A quel guichet puis-je encaisser un mandat international?	At which counter can I cash an international money order?	æt ouitch kaounteu kæn aï kæch eunn innteunæcheuneul mani oodeu
Où se trouve le guichet de la poste restante?	Where's the poste restante counter?	ouè^{eu}z ðeu «poste restante» kaounteu
Y a-t-il du courrier pour moi?	Is there any post for me?	iz ðè^{eu} èni pôôst foo mii
Je m'appelle ...	My name is ...	maï néim iz

STAMPS	TIMBRES
PARCELS	PAQUETS (COLIS)
MONEY ORDERS	MANDATS
INQUIRIES	INFORMATIONS

Télégrammes – Télex *Telegrams – Telex*

Je voudrais envoyer un télégramme.	I'd like to send a telegram.	aïd laïk tou sènd eu tèligræm
Puis-je avoir un formulaire, s.v.p.?	Can I have a form, please?	kæn aï hæv eu foom pliiz
Combien coûte le mot?	How much is it per word?	haou match iz it peû oueûd
Quand le télégramme arrivera-t-il à ...?	When will the telegram be delivered in ...?	ouèn ouil ðeu tèligræm bii diliveud inn
Puis-je envoyer un télex/téléfax?	Can I send a telex/a fax?	kæn aï sènd eu tèlèks/eu fæks
Acceptez-vous de l'argent étranger?	Do you accept foreign currency?	doû yoû euksèpt forinn kareunnsi

NOMS DE PAYS, voir page 146

Téléphone   *Telephone*

Il y a en Angleterre un grand nombre de cabines téléphoniques dans les rues. Certains appareils fonctionnent avec les pièces de monnaie de 5p à £1. D'autres, de plus en plus nombreux n'acceptent plus que les cartes à payement magnétiques. Ces cartes sont en vente dans les bureaux de poste et dans les magasins arborant le signe vert *Phonecard*.

Pour la police, les pompiers et l'ambulance, composez le 999.

Où se trouve le téléphone?	**Where's the telephone*?**	ouè^{eu}z ðeu tèlifôôn
Où est la cabine téléphonique la plus proche?	**Where's the nearest telephone booth?**	ouè^{eu}z ðeu ni^{eu}rist tèlifôôn boûθ
Puis-je utiliser votre téléphone?	**May I use your phone*?**	méi aï youz yoo fôôn
Avez-vous l'annuaire téléphonique de ...?	**Do you have a telephone directory for ...?**	doû yôû hæv eu tèlifôôn dirèkteuri foo
Je voudrais une télécarte.	**I'd like a telephone card.**	aïd laïk eu tèlifôôn kââd

Téléphoniste   *Operator*

Comment obtient-on le service international?	**How do I get the international operator?**	haou doû aï guèt ðii innteunæcheuneul opeuréiteu
Je voudrais téléphoner en ...	**I'd like to make a phone call to ...**	aïd laïk tou méik eu fôôn kool tou
Belgique	**Belgium**	**bèl**djeumm
France	**France**	frââns
Suisse	**Switzerland**	**sou**itseuleunnd
Quel est l'indicatif de ...?	**What's the dialling code for ...?**	ouots ðeu daï^{eu}linng kôôd foo
Pouvez-vous m'aider à obtenir ce numéro?**	**Can you help me get this number?**	kæn yoû hèlp mii guèt ðiss **namm**beu

---

*   *Telephone* est souvent abrégé en *phone*.
** En anglais, on donne les chiffres d'un numéro de téléphone un par un, c'est-à-dire: 27 80 65 = *two, seven, eight, 0 (ôô, pour zero)*, etc.

CHIFFRES, voir page 147

| Je voudrais une communication avec préavis. | **I want to place a personal call.** | aï ouonnt tou pléiss eu peûsseuneul kool |
| Je voudrais une communication en P.C.V. | **I'd like to make a reverse-charge call.** | aïd laïk tou méik eu riveuss-tchââdj kool |

Au téléphone *Speaking*

Je voudrais parler à ...	**I'd like to speak to ...**	aïd laïk tou spiik tou
Je voudrais l'interne ...	**I'd like extension ...**	aïd laïk èkstèncheunn
Qui est à l'appareil?	**Who is speaking?**	hoû iz spiikinng
Je ne comprends pas.	**I don't understand.**	aï dôônt anndeustænd
Veuillez parler plus fort/lentement.	**Would you speak louder/more slowly.**	woud yoû spiik **lao**udeu/moo **slôô**li

Pas de chance *Bad luck*

Vous m'avez donné un faux numéro.	**You gave me the wrong number.**	yoû guéiv mii ðeu ronng **namm**beu
Nous avons été coupés.	**We've been cut off.**	ouiiv biin kat of
Je ne peux pas atteindre ce numéro.	**I can't get the number.**	aï kâânt guèt ðeu **namm**beu

Tableau d'épellation *Telephone alphabet*

A	Alfred	ælfred	N	Nellie	nèli
B	Benjamin	bèndjeuminn	O	Oliver	oliveu
C	Charlie	tchââli	P	Peter	piiteu
D	David	déivid	Q	Queen	kouiinn
E	Edward	èdoueud	R	Robert	robeut
F	Frederick	frèdeurik	S	Samuel	sæmyoueul
G	George	djoodj	T	Tommy	tomi
H	Harry	hæri	U	Uncle	annkeul
I	Isaac	aïzeuk	V	Victor	vikteu
J	Jack	djæk	W	William	ouilyeum
K	King	kinng	X	X-ray	èksréi
L	London	lanndeunn	Y	Yellow	yèlôô
M	Mary	mè^{eu}ri	Z	Zebra	zèbreu

La personne n'est pas là *Not there*

Quand sera-t-il/elle de retour?	**When will he/she be back?**	ouèn ouil hii/chii bii bæk
Pouvez-vous lui dire que j'ai appelé? Mon nom est ...	**Will you tell him*/ her* I called? My name is ...**	ouil yoû tèl him/heû aï koold. maï néim iz
Pourriez-vous lui demander de me rappeler?	**Would you ask him*/her* to call back?**	woud yoû ââsk him/ heû tou kool bæk
Puis-je vous laisser un message, s.v.p.?	**Would you take a message, please?**	woud yoû téik eu **mè**ssidj pliiz
Je rappellerai plus tard.	**I'll call again later.**	aïl kool eu**gué**inn **léi**teu

Taxes *Charges*

Quel est le prix de la communication?	**What's the cost of the call?**	ouots ðeu kost ov ðeu kool
Je voudrais payer la communication.	**I want to pay for the call.**	aï ouonnt tou péi foo ðeu kool

There is a call for you.	On vous demande au téléphone.
Please hold the line.	Ne quittez pas, s.v.p.
What number are you calling?	Quel numéro demandez-vous?
Just a moment, please.	Un instant, s.v.p.
The line's busy.	La ligne est occupée.
There's no answer.	On ne répond pas.
He/She is out at the moment.	Il/Elle est absent(e) pour le moment.
You've got the wrong number.	Vous avez fait un faux numéro.
The phone is out of order.	Le téléphone est en dérangement.
This number is no longer valid.	Ce numéro n'est plus valable.

---

* *him* = lui (masculin) − *her* = lui (féminin).

Médecin

Le service national de la santé (*National Health Service – NHS*) assure aussi les soins urgents pour les étrangers. Pour les ressortissants des pays de la CEE ils sont gratuits.

Généralités *General*

J'ai besoin d'un médecin, vite.	**I need a doctor, quickly.**	aï niid eu **dokteu kouik**li
Pouvez-vous appeler un médecin?	**Can you get me a doctor?**	kæn yoû guèt mii eu **dok**teu
Y a-t-il un médecin ici?	**Is there a doctor here?**	iz ðèeu eu **dok**teu hieu
Y a-t-il un médecin qui parle français?	**Is there a doctor who speaks French?**	iz ðèeu eu **dok**teu hoû spiiks frèntch
Où est le cabinet médical?	**Where is the surgery?**	ouèeu iz ðeu seûdjeuri
Quelles sont les heures de consultation?	**What are the surgery hours?**	ouot ââ ðeu seûdjeuri aoueuz
Le médecin pourrait-il m'examiner ici?	**Could the doctor come to see me here?**	koud ðeu **dok**teu kamm tou sii mii hieu
A quelle heure peut-il venir?	**What time can the doctor come?**	ouot taïm kæn ðeu **dok**teu kamm
Pouvez-vous me recommander un/une ...?	**Can you recommend ...?**	kæn yoû rékeumènd
généraliste	**a general practitioner**	eu djèneureul prækticheuneu
gynécologue	**a gynaecologist**	eu gaïnikolodjist
pédiatre	**a children's doctor**	eu tchildreunnz **dok**teu
Puis-je avoir un rendez-vous ...?	**Can I have an appointment ...?**	kæn aï hæv eunn eupoïntmeunnt
tout de suite	**immediately**	imiidyeutli
demain	**tomorrow**	teumorôô
dès que possible	**as soon as possible**	euz soûn euz **pos**sibeul

PHARMACIE, voir page 121 / URGENCES, page 156

Parties du corps   *Parts of the body*

amygdales	**tonsils**	**tonn**seulz
artère	**artery**	**âât**euri
articulation	**joint**	djoïnt
bouche	**mouth**	maouθ
bras	**arm**	âam
clavicule	**collarbone**	**koleub**ôôn
cœur	**heart**	hâât
colonne vertébrale	**spine**	spaïn
côte	**rib**	rib
cou	**neck**	nèk
coude	**elbow**	**è**lbôô
cuisse	**thigh**	θaï
doigt	**finger**	**finn**gueu
dos	**back**	bæk
épaule	**shoulder**	**chôôl**deu
estomac	**stomach**	**stam**euk
foie	**liver**	liveu
genou	**knee**	nii
gorge	**throat**	θrôôt
intestin	**intestine**	inn**tès**tinn
jambe	**leg**	lèg
langue	**tongue**	tanng
mâchoire	**jaw**	djoo
main	**hand**	hænd
muscle	**muscle**	**mass**eul
nerf	**nerve**	neûv
nez	**nose**	nôôz
œil	**eye**	aï
oreille	**ear**	¡eu
organes génitaux	**genitals**	**djèn**iteulz
orteil	**toe**	tôô
os	**bone**	bôôn
peau	**skin**	skinn
pied	**foot**	fout
poignet	**wrist**	rist
poitrine	**chest**	tchèst
poumon	**lung**	lanng
rein	**kidney**	**kid**ni
sein	**breast**	brèst
tendon	**tendon**	**tèn**deunn
tête	**head**	hèd
veine	**vein**	véinn
vésicule	**gall-bladder**	gool **blæ**deu
vessie	**bladder**	**blæ**deu
visage	**face**	féiss

Accident – Blessure *Accident – Injury*

Il est arrivé un accident.	**There has been an accident.**	ðè^{eu} hæz biinn eunn æksideunnt
Mon enfant a fait une chute.	**My child has had a fall.**	maï tchaïld hæz hæd eu fool
Il/Elle s'est blessé(e) à la tête.	**He/She has hurt his/her head.**	hii/chii hæz heût hiz/heû hèd
Il/Elle a perdu connaissance.	**He/She is unconscious.**	hii/chii iz annkonncheuss
Il/Elle saigne (abondamment).	**He/She is bleeding (heavily).**	hii/chii iz bliidinng (hèvili)
Son bras est cassé.	**His/Her arm is broken.**	hiz/heû ââm iz brôôkeunn
Sa cheville est enflée.	**His/Her ankle is swollen.**	hiz/heû ænkeul iz souôôleunn
Je me suis coupé.	**I've cut myself.**	aïv kat maïsèlf
J'ai été piqué.	**I've been stung.**	aïv biinn stanng
Un chien m'a mordu.	**I've been bitten by a dog.**	aïv biinn biteunn baï eu dog
Un chat m'a griffé.	**I've been scratched by a cat.**	aïv biinn skrætchd baï eu kæt
J'ai quelque chose dans l'œil.	**I've got something in my eye.**	aïv got sammθiinng in maï aï
J'ai ...	**I've got ...**	aïv got
ampoule	**a blister**	eu blisteu
blessure	**a wound**	eu woûnd
bosse	**a lump**	eu lammp
brûlure	**a burn**	eu beûn
contusion	**a bruise**	eu broûz
coupure	**a cut**	eu kat
écorchure	**a graze**	eu gréiz
enflure	**a swelling**	eu souèlinng
éruption	**a rash**	eu ræch
furoncle	**a boil**	eu boïl
piqûre	**a sting**	eu stinng
piqûre d'insecte	**an insect bite**	eunn innsèkt baït
Je ne peux pas bouger mon/ma/mes ...	**I can't move my ...**	aï kâânt moûv maï
Cela fait (très) mal.	**It hurts (terribly).**	it heûts (tèribli)

👉 👈

What kind of pain is it?	Quel genre de douleur éprouvez-vous?
dull/sharp/throbbing constant/on-and-off	sourde/aïgue/lancinante persistante/intermittente
I'd like you to have an X-ray.	Il faut vous faire une radio.
It's ...	C'est ...
broken/dislocated sprained/torn	cassé/luxé foulé/déchiré
You've pulled/bruised a muscle.	Vous avez un muscle froissé/ une contusion.
You'll have to have a plaster.	Il faudra vous plâtrer.
It's infected.	C'est infecté.
Have you been vaccinated against tetanus?	Etes-vous vacciné(e) contre le tétanos?
I'll give you a painkiller.	Je vais vous donner un calmant.

Maladie *Illness*

Je ne me sens pas bien.	I'm not feeling well.	aïm not fiilinng ouèl
Je suis malade.	I'm ill.	aïm il
J'ai des vertiges/ des nausées/des frissons.	I feel dizzy/ nauseous/shivery.	aï fiil dizi/noozieus/ chiveuri
J'ai de la fièvre.	I've got a fever.	aïv got eu fiiveu
J'ai 38 de fièvre.	My temperature is 38 degrees.	maï tèmpritcheu iz 38 deugriiz
J'ai eu des vomissements.	I've been vomiting.	aïv biinn vomitinng
Je suis constipé(e).	I'm constipated.	aïm konnstipéitid
J'ai la diarrhée.	I've got diarrhoea.	aïv got daïeurieu
J'ai mal à ...	My ... hurts.	maï ... heûts
Je m'évanouis souvent.	I faint quite often.	aï féinnt kouaït ofeunn

CHIFFRES, voir page 147

J'ai ...	I've got ...	aïv got
asthme	asthma	æssmeu
crampes	cramps	kræmps
grippe	flu	floû
indigestion	indigestion	inndidjèstcheunn
mal à l'estomac	a stomach ache	eu stameuk éik
mal à la gorge	a sore throat	eu soo θrôôt
mal à la tête	a headache	eu hèdéik
mal au dos	backache	bækéik
mal aux oreilles	an earache	eunn i^{eu}réik
palpitations	palpitations	pælpitéicheunnz
rhumatismes	rheumatism	roûmeutizeum
rhume	a cold	eu kôôld
saignement de nez	a nosebleed	eu nôôzbliid
torticolis	a stiff neck	eu stif nèk
toux	a cough	eu kof
ulcère	an ulcer	eunn alsseu

J'ai de la peine à respirer.	I have difficulties breathing.	aï hæv difikeultiz briiðinng
J'ai une douleur dans la poitrine.	I have a pain in my chest.	aï hæv eu péinn in maï tchèst
J'ai eu une crise cardiaque il y a ... ans.	I had a heart attack ... years ago.	aï hæd eu hâât eutæk ... yi^{eu}z eugôô
Ma tension est trop basse/élevée.	My blood pressure is too low/too high.	maï blad prècheu iz toû lôô/toû haï
Je suis allergique à ...	I'm allergic to ...	aïm euleûdjik tou
Je suis diabétique.	I'm diabetic.	aïm daï^{eu}bètik

Chez le gynécologue   *At the gynaecologist's*

J'ai des règles douloureuses.	I have period pains.	aï hæv pi^{eu}rieud péinnz
J'ai une infection vaginale.	I have a vaginal infection.	aï hæv eu veudjaïneul innfèkcheunn
Je prends la pilule.	I'm on the pill.	aïm onn ðeu pil
Je n'ai plus eu mes règles depuis ... mois.	I haven't had my period for ... months.	aï hæveunnt hæd maï pi^{eu}rieud foo ... mannθs
Je suis enceinte (de ... mois).	I'm (... months) pregnant.	aïm (... mannθs) prègneunnt

☞ 🖐

How long have you been feeling like this?	Depuis combien de temps éprouvez-vous ces troubles?
Is this the first time you've had this?	Est-ce la première fois que vous en souffrez?
I'll take your blood pressure/temperature.	Je vais prendre votre tension/température.
Roll up your sleeve, please.	Relevez votre manche, s.v.p.
Please undress (down to the waist).	Déshabillez-vous (jusqu'à la ceinture), s.v.p.
Lie down here, please.	Etendez-vous là, s.v.p.
Where do you feel the pain?	Où avez-vous mal?
Open your mouth.	Ouvrez la bouche.
Breathe deeply.	Respirez à fond.
Cough, please.	Toussez, s.v.p.
You've got ...	Vous avez ...
appendicitis	l'appendicite
cystitis	une cystite
food poisoning	une intoxication alimentaire
gastritis	une gastrite
inflammation of ...	une inflammation de ...
jaundice	la jaunisse
pneumonia	une pneumonie
venereal disease	maladie vénérienne
It's not contagious.	Ce n'est pas contagieux.
I'll give you an injection.	Je vais vous faire une piqûre.
I want a specimen of your blood/stools/urine.	Je voudrais un prélèvement de votre sang/de vos selles/ de votre urine.
You must stay in bed for ... days.	Vous devez garder le lit pendant ... jours.
I want you to see a specialist.	Vous devriez consulter un spécialiste.
I want you to go to the hospital for a general check-up.	Je désire que vous alliez à l'hôpital vous faire faire un bilan de santé.

Ordonnance – Traitement *Prescription – Treatment*

Voici mon médicament habituel.	**This is my usual medicine.**	ðiss iz maï youûjou^{eu}l mèdsinn
Pouvez-vous me donner une ordonnance pour cela?	**Can you give me a prescription for this?**	kæn yoû guiv mii eu priskripcheunn fo ðiss
Pourriez-vous me prescrire un ...?	**Could you pre-scribe ...?**	koud yoû priskraïb
antidépressif	**an anti-depressant**	eunn ænti-diprèsseunnt
somnifère	**some sleeping pills**	samm sliipinng pilz
tranquillisant	**a tranquillizer**	eu trænkouilaïzeu
Je suis allergique aux antibiotiques/ à la pénicilline.	**I'm allergic to anti-biotics/penicillin.**	aïm euleûdjik tou æntibaïotiks/ pènissilinn
Je ne veux pas quelque chose de trop fort.	**I don't want any-thing too strong.**	aï dôônt ouonnt èni-θinng toû stronng
Combien de fois par jour dois-je le prendre?	**How many times a day should I take it?**	haou mèni taïmz eu déi choud aï téik it
Dois-je les avaler entiers?	**Must I swallow them whole?**	mast aï souolôô ðèm hôôl

🖝	👈
What treatment are you having?	Quel traitement suivez-vous?
What medicine are you taking?	Quel médicament prenez-vous?
By injection or orally?	En injection ou par voie orale?
Take a teaspoon of this medicine ...	Prenez une cuillère à café de ce médicament ...
Take one pill with a glass of water ...	Prenez une pilule avec un verre d'eau ...
every ... hours	toutes les ... heures
... times a day	... fois par jour
before/after each meal	avant/après chaque repas
in the morning/at night	le matin/le soir
if there is any pain	en cas de douleurs
for ... days/weeks	pendant ... jours/semaines

PHARMACIE, voir page 121

Honoraires *Fee*

Combien vous dois-je?	**How much do I owe you?**	haou match doû aï ôô yoû
Puis-je avoir une quittance pour mon assurance maladie?	**May I have a receipt for my health insurance?**	méi aï hæv eu risiit foo maï hèlθ innchoureunns
Puis-je avoir un certificat médical?	**Can I have a medical certificate?**	kæn aï hæv eu mèdikeul seutifikeut
Auriez-vous l'obligeance de remplir cette feuille maladie?	**Would you fill in this health insurance form, please?**	woud yoû fil inn ðiss hèlθ innchoureunns foom pliiz

Hôpital *Hospital*

Pourriez-vous avertir ma famille, s.v.p.?	**Could you please notify my family?**	koud yoû pliiz nôôtifaï maï fæmili
Quelles sont les heures de visite?	**What are the visiting hours?**	ouot ââ ðeu vizitinng aou^euz
Quand pourrai-je me lever?	**When can I get up?**	ouèn kæn aï guèt ap
Quand le médecin doit-il passer?	**When will the doctor come?**	ouèn ouil ðeu dokteu kamm
J'ai mal.	**I'm in pain.**	aïm inn péinn
Puis-je avoir un calmant?	**Can I have a painkiller?**	kæn aï hæv eu péinnkileu
Je ne peux pas manger/dormir.	**I can't eat/sleep.**	aï kâânt iit/sliip
Où est la sonnette?	**Where's the bell?**	ouè^euz ðeu bèl

infirmière	**nurse**	neûss
médecin/chirurgien	**doctor/surgeon**	dokteu/seûdjeunn
patient(e)	**patient**	péicheunnt
anesthésie	**anaesthetic**	æniss0êtik
opération	**operation**	opeuréicheunn
injection/piqûre	**injection**	inndjèkcheunn
transfusion	**blood transfusion**	blad trænsfyoûjeunn
bassin	**bedpan**	bèdpæn
lit	**bed**	bèd
thermomètre	**thermometer**	θeumomiteu

Dentiste *Dentist*

Pouvez-vous m'indiquer un bon dentiste?	**Can you recommend a good dentist?**	kæn yoû rèkeumènd eu goud dèntist
Puis-je prendre un rendez-vous (urgent) avec le docteur ...?	**Can I make an (urgent) appointment to see Doctor ...?**	kæn aï méik eunn (eûdjeunnt) eupoïntmeunnt tou sii dokteu
Ne pourriez-vous pas me le fixer plus tôt?	**Can't you make it earlier?**	kâânt yoû méik it eûli^{eu}
J'ai mal aux dents.	**I've got a toothache.**	aïv got eu toûθéik
J'ai perdu un plombage.	**I've lost a filling.**	aïv lost eu filinng
Je me suis cassé une dent.	**I've broken a tooth.**	aïv brôôkeunn eu toûθ
Cette dent branle.	**This tooth is loose.**	ðiss toûθ iz loûss
Cette dent me fait mal.	**This tooth hurts.**	ðiss toûθ heûts
en haut	**at the top**	æt ðeu top
en bas	**at the bottom**	æt ðeu boteumm
devant	**in the front**	inn ðeu frannt
derrière	**at the back**	æt ðeu bæk
Est-ce un abcès/une infection?	**Is it an abscess/ an infection?**	iz it eunn æbsèss/ eunn innfèkcheunn
Je ne veux pas que vous l'arrachiez.	**I don't want it extracted.**	aï dôônt ouonnt it èkstrækteud
Pouvez-vous me faire un traitement provisoire?	**Can you fix it temporarily?**	kæn yoû fiks it tèmpeurèrili
Pouvez-vous faire une anesthésie locale?	**Could you give me an anaesthetic?**	koud yoû guiv mii eunn æniss**θ**ètik
La gencive est (très) irritée.	**The gum is (very) sore.**	ðeu gamm iz (vèri) soo
J'ai cassé mon dentier.	**I've broken my denture.**	aïv brôôkeunn maï dèntcheu
Pouvez-vous réparer ce dentier?	**Can you repair this denture?**	kæn yoû ripè^{eu} ðiss dèntcheu
Quand sera-t-il prêt?	**When will it be ready?**	ouèn ouil it bii rèdi

Renseignements divers

D'où venez-vous ? *Where do you come from?*

Je viens de/d' ...	I come from ...	aï kamm from
Afrique	**Africa**	æfrikeu
Amérique du Nord	**North America**	nooθ eumèrikeu
Amérique du Sud	**South America**	saouθ eumèrikeu
Asie	**Asia**	éicheu
Australie	**Australia**	oostréilieu
Europe	**Europe**	yoûreup
Afrique du Sud	**South Africa**	saouθ æfrikeu
Algérie	**Algeria**	ældjiirieu
Allemagne	**Germany**	djeûmeunni
Angleterre	**England**	inngleunnd
Autriche	**Austria**	ostrieu
Belgique	**Belgium**	bèldjeumm
Canada	**Canada**	kæneudeu
Chine	**China**	tchaïneu
Danemark	**Denmark**	dènmââk
Ecosse	**Scotland**	skotleunnd
Egypte	**Egypt**	iidjipt
Espagne	**Spain**	spéinn
Etats-Unis (USA)	**the (United) States**	ðeu younaïtid stéits
Finlande	**Finland**	finnleunnd
France	**France**	frâânss
Grèce	**Greece**	griiss
Inde	**India**	inndieu
Irlande	**Ireland**	aïᵉᵘleunnd
Islande	**Iceland**	aïssleunnd
Israël	**Israel**	izréil
Italie	**Italy**	iteuli
Japon	**Japan**	djeupæn
Liban	**Lebanon**	lèbeuneunn
Luxembourg	**Luxembourg**	lakseummbeûg
Maroc	**Morocco**	meurokôô
Norvège	**Norway**	nooouéi
Nouvelle-Zélande	**New Zealand**	nyoû ziileunnd
Pays-Bas	**the Netherlands**	ðeu nèðeuleunndz
Pays de Galles	**Wales**	ouéilz
Portugal	**Portugal**	pootyougueul
Suède	**Sweden**	souiideunn
Suisse	**Switzerland**	souitseuleunnd
Tunisie	**Tunisia**	touniizieu
Turquie	**Turkey**	teûki

Chiffres *Numbers*

0	zero/«O»	ziirôô/ôô
1	one	ouann
2	two	toû
3	three	θrii
4	four	foo
5	five	faïv
6	six	siks
7	seven	sèveunn
8	eight	éit
9	nine	naïn
10	ten	tèn
11	eleven	ilèveunn
12	twelve	touèlv
13	thirteen	θeûtiinn
14	fourteen	footiinn
15	fifteen	fiftiinn
16	sixteen	sikstiinn
17	seventeen	sèveunntiinn
18	eighteen	éitiinn
19	nineteen	naïntiinn
20	twenty	touènti
21	twenty-one	touènti ouann
22	twenty-two	touènti toû
23	twenty-three	touènti θrii
24	twenty-four	touènti foo
25	twenty-five	touènti faïv
26	twenty-six	touènti siks
27	twenty-seven	touènti sèveunn
28	twenty-eight	touènti éit
29	twenty-nine	touènti naïn
30	thirty	θeûti
31	thrity-one	θeûti ouann
32	thirty-two	θeûti toû
33	thirty-three	θeûti θrii
40	forty	footi
41	forty-one	footi ouann
42	forty-two	footi toû
43	forty-three	footi θrii
50	fifty	fifti
51	fifty-one	fifti ouann
52	fifty-two	fifti toû
53	fifty-three	fifti θrii
60	sixty	siksti
61	sixty-one	siksti ouann
62	sixty-two	siksti toû

70	seventy	sèveunnti
71	seventy-one	sèveunnti ouann
72	seventy-two	sèveunnti toû
80	eighty	éiti
81	eighty-one	éiti ouann
82	eighty-two	éiti toû
90	ninety	naïnti
91	ninety-one	naïnti ouann
92	ninety-two	naïnti toû
100	a hundred	eu **hanndreud**
101	a hundred and one	eu **hanndreud** ænd ouann
102	a hundred and two	eu **hanndreud** ænd toû
103	a hundred and three	eu **hanndreud** ænd θrii
110	a hundred and ten	eu **hanndreud** ænd tèn
120	a hundred and twenty	eu **hanndreud** ænd touènti
130	a hundred and thirty	eu **hanndreud** ænd θeûti
140	a hundred and forty	eu **hanndreud** ænd footi
150	a hundred and fifty	eu **hanndreud** ænd fifti
160	a hundred and sixty	eu **hanndreud** ænd siksti
170	a hundred and seventy	eu **hanndreud** ænd sèveunnti
180	a hundred and eighty	eu **hanndreud** ænd éiti
190	a hundred and ninety	eu **hanndreud** ænd naïnti
200	two hundred	toû **hanndreud**
300	three hundred	θrii **hanndreud**
400	four hundred	foo **hanndreud**
500	five hundred	faïv **hanndreud**
600	six hundred	siks **hanndreud**
700	seven hundred	sèveunn **hanndreud**
800	eight hundred	éit **hanndreud**
900	nine hundred	naïn **hanndreud**
1 000	one thousand	ouann **θaouzeunnd**
1 100	one thousand one hundred	ouann **θaouzeunnd** ouann **hanndreud**
1 200	one thousand two hundred	ouann **θaouzeunnd** toû **hanndreud**
1 300	one thousand three hundred	ouann **θaouzeunnd** θrii **hanndreud**
2 000	two thousand	toû **θaouzeunnd**
5 000	five thousand	faïv **θaouzeunnd**
10 000	ten thousand	tèn **θaouzeunnd**
50 000	fifty thousand	fifti **θaouzeunnd**
100 000	one hundred thousand	ouann **hanndreud** **θaouzeunnd**
1 000 000	one million	ouann **milyeunn**
1 000 000 000	one milliard	ouann **milyeud**

premier	**first (1st)**	feûst
deuxième	**second (2nd)**	sèkeunnd
troisième	**third (3rd)**	θeûd
quatrième	**fourth (4th)**	fooθ
cinquième	**fifth (5th)**	fifθ
sixième	**sixth**	siksθ
septième	**seventh**	sèveunnθ
huitième	**eighth**	éitθ
neuvième	**ninth**	naïnθ
dixième	**tenth**	tènθ
une fois	**once**	ouannss
deux fois	**twice**	touaïss
trois fois	**three times**	θrii taïmz
une moitié	**a half**	eu hââf
demi(e)	**half**	hââf
un quart	**a quarter**	eu kouooteu
un tiers	**one third**	ouann θeûd
une douzaine	**a dozen**	eu dazeunn
une paire (de)	**a pair (of)**	eu pèᵉᵘ (ov)
un pourcent (%)	**one per cent**	ouann peu sènt
3,4%	**3.4 per cent**	θrii poïnt fooᵉᵘ peu sènt

Année et âge   *Year and age*

an/année	**year**	yiᵉᵘ
année bissextile	**leap year**	liip yiᵉᵘ
siècle	**century**	sèntcheuri
cette année	**this year**	ðiss yiᵉᵘ
l'année passée	**last year**	lââst yiᵉᵘ
l'année prochaine	**next year**	nèkst yiᵉᵘ
chaque année	**every year**	èvri yiᵉᵘ
il y a 2 ans	**2 years ago**	toû yiᵉᵘz eugôô
dans une année	**in one year**	inn ouann yiᵉᵘ
les années 80	**the eighties**	ði éitiiz
le 16ème siècle	**the 16th century**	ðeu sikstiinnθ sèntcheuri
au 20ème siècle	**in the twentieth century**	inn ðeu touèntieuθ sèntcheuri
1981	**nineteen eighty-one**	naïntiinn éiti ouann
1992	**nineteen ninety-two**	naïntiinn naïnti toû
2003	**two thousand and three**	toû θaouzeunnd ænd θrii
Quel âge avez-vous?	**How old are you?**	haou ôôld ââ yoû
J'ai ... ans.	**I'm ... years old.**	aïm ... yiᵉᵘz ôôld

Il/Elle est né(e) en 1960.	**He/She was born in 1960.**	hii/chii ouoz boonn inn **naïntiinn siksti**
Les enfants en-dessous de ... ans ne sont pas admis.	**Children under ... years are not admitted.**	tchildreunn anndeu ... yi^{eu}z ââ not eudmiteud

Saisons *Seasons*

printemps	**spring**	sprinng
été	**summer**	sameu
automne	**autumn**	ooteumm
hiver	**winter**	ouinnteu
haute saison	**high season**	haï siizeunn
basse saison	**low season**	lôô siizeunn

Mois *Months*

janvier	**January**	**djæn**youeuri
février	**February**	**fè**broueuri
mars	**March**	mââtch
avril	**April**	**éi**pril
mai	**May**	méi
juin	**June**	djoûn
juillet	**July**	djoulaï
août	**August**	oogueust
septembre	**September**	sèp**tèm**beu
octobre	**October**	ok**tôô**beu
novembre	**November**	nôô**vèm**beu
décembre	**December**	dis**sèm**beu
en septembre	**in September**	inn sèp**tèm**beu
depuis juin	**since June**	sinnss djoûn
début janvier	**the beginning of January**	ðeu bi**guinn**inng ov **djæn**youeuri
à la mi-février	**the middle of February**	ðeu mideul ov **fè**broueuri
fin mars	**the end of March**	ðii ènd ov mââtch
ce mois	**this month**	ðiss mannθ
le mois dernier	**last month**	lââst mannθ
le mois prochain	**next month**	nèkst mannθ
pendant 3 mois	**for 3 months**	foo θrii mannθs

Jours *Days*

Quel jour sommes-nous?	**What day is it today?**	ouot déi iz it teu**déi**

dimanche	Sunday	sanndi
lundi	Monday	manndi
mardi	Tuesday	tyoûzdi
mercredi	Wednesday	ouènzdi
jeudi	Thursday	θeûzdi
vendredi	Friday	fraïdi
samedi	Saturday	sæteudi

le matin	in the morning	inn ðeu mooninng
à midi	at noon	æt noûn
durant la journée	during the day	dyoûrinng ðeu déi
l'après-midi	in the afternoon	inn ðii ââfteunoûn
le soir	in the evening	inn ðii iivninng
la nuit	at night	æt naït

hier	yesterday	yèsteudéi
aujourd'hui	today	teudéi
demain	tomorrow	teumorôô
après-demain	the day after tomorrow	ðeu déi afteu teumorôô

il y a 2 jours	two days ago	toû déiz eugôô
dans 3 jours	in three days' time	inn θrii déiz taïm

la semaine passée	last week	lââst ouiik
la semaine prochaine	next week	nèkst ouiik
durant la semaine	during the week	dyoûrinng ðeu ouiik
pour 15 jours	for a fortnight	foo eu footnaït
la fin de semaine	the weekend	ðeu ouiikènd

anniversaire	birthday	beûθdéi
jour de congé	day off	déi of
jour férié	(public) holiday	(pablik) holidéi
jour ouvrable	working day	oueûkinng déi
vacances (scolaires)	(school) holidays	(skoûl) holidéiz

Date *Date*

Quelle est la date d'aujourd'hui?	What's the date today?	ouots ðeu déit teudéi
Nous sommes le 3 mai.	It's the 3rd of May.	its ðeu θeûd ov méi
Nous partons le 5 juin.	We are leaving on the 5th of June.	ouii ââ liivinng onn ðeu fifθ ov djoûn

Voici comment dater une lettre:

(Londres,) le 24 mars 19.. **(London,) March 24th 19..**

Bons vœux et salutations   *Wishes and Greetings*

Meilleurs vœux!	**Best wishes!**	bèst ouichiz
Félicitations!	**Congratulations!**	konngrætyouléicheunnz
Joyeux anniversaire!	**Happy birthday!**	hæpi beûθdéi
Joyeux Noël!	**Merry Christmas!**	mèri krismeus
Bonne et heureuse année!	**Happy New Year!**	hæpi nyoû yieu
Joyeuses Pâques!	**Happy Easter!**	hæpi iisteu
Je vous souhaite ...	**I wish you ...**	aï ouich yoû
Bonne chance!	**Good luck!**	goud lak
Bon voyage!	**Have a good journey!**	hæv eu goud djeûni
Bonnes vacances!	**Have a good holiday!**	hæv eu goud holidéi
Meilleures salutations de/à ...	**Best regards from/to ...**	bèst rigââdz from/tou

Jours fériés   *Public holidays*

	Angleterre et Pays de Galles	Ecosse
New Year's Day	1er janvier	1er et 2 janvier
May Day	1er lundi de mai	1er lundi de mai*
Spring Bank Holiday	dernier lundi de mai	dernier lundi de mai*
Summer Bank Holiday	dernier lundi d'août	1er lundi d'août
Christmas Day	Noël (25 déc.)	Noël (25 déc.)
Boxing Day	26 décembre	26 décembre
Fêtes mobiles:		
Vendredi Saint Lundi de Pâques	**Good Friday Easter Monday**	**Good Friday**

* ne sont pas fériés partout.

En Pays de Galles, on fête, en plus, le *St David's Day* le 1er mars. En Irlande du Nord, les jours fériés sont les mêmes qu'en Angleterre. Il faut y ajouter deux fêtes: le 17 mars *St Patrick's Day* et le 12 juillet *Orangeman's Day*.

Quelle heure est-il? *What time is it?*

Pardon. Pouvez-vous m'indiquer l'heure?	**Excuse me. Can you tell me the time?**	èkskyoûz mii. kæn yoû tèl mii ðeu taïm
Il est ...	**It's ...**	its
une heure cinq	**five past one**	faïv pââst ouann
deux heures dix	**ten past two**	tèn pââst toû
trois heures et quart	**a quarter past three**	eu kouooteu pââst θrii
quatre heures vingt	**twenty past four**	touènti pââst foo
cinq heures vingt-cinq	**twenty-five past five**	touènti faïv pââst faïv
six heures et demie	**half past six**	hââf pââst siks
sept heures moins vingt-cinq	**twenty-five to seven**	touènti faïv tou sèveunn
huit heures moins vingt	**twenty to eight**	touènti tou éit
neuf heures moins le quart	**a quarter to nine**	eu kouooteu tou naïn
dix heures moins dix	**ten to ten**	tèn tou tèn
onze heures moins cinq	**five to eleven**	faïv tou ilèveunn
douze heures (midi/minuit)	**twelve o'clock (noon/midnight)**	touèlv eu klok (noûn/midnaït)
Le film commence à 22 h. 30 et se termine à 1 h.	**The film starts at 10.30 p.m.* It finishes at 1 a.m.***	ðeú film stââts æt tèn θeûti pii èm. it finicheuz æt ouann éi èm
Le train part à 6.40/13.04.	**The train leaves at 6.40/13.04.**	ðeu tréinn liivz æt siks footi/θeûtiinn ôô foo
dans cinq minutes	**in five minutes**	inn faïv minits
dans un quart d'heure	**in a quarter of an hour**	inn eu kouooteu ov eunn aou^eu
il y a une demi-heure	**half an hour ago**	hââf eunn aou^eu eugôô
environ deux heures	**about two hours**	eubaout toû aou^euz
plus/moins de 30 secondes	**more/less than 30 seconds**	moo/lès ðæn 30 sèkeunndz
L'horloge avance/retarde.	**The clock is fast/slow.**	ðeu klok iz fââst/slôô
tôt/tard	**early/late**	eûli/léit
à l'heure	**on time**	onn taïm

---

* En Grande-Bretagne, on a recours au système de douze heures. De minuit à midi, on fait suivre les chiffres des lettres *a.m.*, et de midi à minuit des lettres *p.m.* Mais pour les horaires des trains on utilise le système des 24 heures.

CHIFFRES, voir page 147

Abréviations courantes   *Common abbreviations*

AA	Automobile Association	automobile club
A.D.	anno Domini	après J.-C.
BBC	British Broadcasting Corporation	société de télédiffusion anglaise
B.C.	before Christ	avant J.-C.
BR	British Rail	chemins de fer britanniques
Brit.	Britain, British	Grande-Bretagne, britannique
CID	Criminal Investigation Department	police criminelle
c/o	care of	chez (pour adresse)
Co.	company	compagnie (com.)
EEC	European Economic Community	CEE (communauté économique européenne)
e.g.	for example, for instance	par exemple
encl.	enclosure	annexe
Esq.	Esquire	titre honorifique d'un «gentleman»
F	Fahrenheit	degré Fahrenheit
ft.	foot/feet	pied/-s (30,5 cm)
H.M.	His/Her Majesty	Sa Majesté
i.e.	that is to say	c'est-à-dire
Ltd.	Limited	société à responsabilité limitée
M.D.	Doctor of Medicine	docteur en médecine
M.P.	Member of Parliament	membre du Parlement
mph	miles per hour	miles par heure
Mr.	«Mister»*	Monsieur
Mrs.	«Missis»*	Madame
Ms.**	Mrs./Miss	Madame/Mademoiselle
p.	page; penny/pence	page; pence
PLC	public limited company	société par actions
PO (Box)	post office (box)	poste (case postale)
P.T.O.	please turn over	tournez, s.v.p.
Rd.	road	rue, chemin, route
ref.	reference	voir, cf.
Soc.	society	société
St.	Saint; street	saint(e); rue
U.K.	United Kingdom	Royaume-Uni
V.A.T.	value added tax	T.V.A. (taxe sur la valeur ajoutée)

---

* Jamais écrits en toutes lettres mais prononcés comme ça.
** *Ms* remplace *Mrs.* ou *Miss* devant un nom propre pour éviter de faire une différence entre une femme mariée et une célibataire.

Ecriteaux – Inscriptions *Signs and notices*

Beware of the dog	Attention au chien
Cash desk	Caisse
Caution	Attention
Closed	Fermé
Cold	Froid
Danger (of death)	Danger (de mort)
Do not block entrance	Laissez l'entrée libre
Do not disturb	Ne pas déranger
Do not touch	Ne pas toucher
Down	En bas
Emergency exit	Sortie de secours
Enter without knocking	Entrez sans frapper
Entrance	Entrée
Exit	Sortie
For hire	A louer
For sale	A vendre
... forbidden	... interdit
Free admittance	Entrée libre
Gentlemen	Messieurs
Hot	Chaud
Information	Renseignements
Ladies	Dames
Lift	Ascenseur
No admittance	Entrée interdite
No littering	Interdiction de laisser des déchets
No smoking	Défense de fumer
No vacancies	Occupé, complet
Open	Ouvert
Occupied	Occupé
Out of order	Hors service, en panne
Please ring	Sonnez, s.v.p.
Please wait	Veuillez attendre
Private road	Chemin privé
Pull	Tirez
Push	Poussez
Reserved	Réservé
Sale	Soldes
Sold out	Stock épuisé
To let	A louer (chambre)
Trespassers will be prosecuted	Les contrevenants seront poursuivis
Up	En haut
Vacant	Libre
Wet paint	Peinture fraîche

Urgences *Emergencies*

En composant le 999 depuis n'importe quel appareil (même sans insertion de monnaie), on obtient police secours, les pompiers ou une ambulance.

Allez vite chercher du secours	**Get help quickly**	guèt hèlp **kouikli**
Allez-vous en	**Go away**	gôô euou**éi**
Ambassade	**Embassy**	**è**mbeussi
Ambulance	**Ambulance**	**æ**mbyouleunns
Appelez la police	**Call the police**	kool ðeu peul**iiss**
Appelez un médecin	**Call a doctor**	kool eu **dok**teu
ARRETEZ	**STOP**	stop
ATTENTION	**LOOK OUT**	louk aout
AU FEU	**FIRE**	faï**eu**
AU SECOURS	**HELP**	hèlp
AU VOLEUR	**STOP THIEF**	stop θiif
Consulat	**Consulate**	**konns**youleut
DANGER	**DANGER**	dé**inn**djeu
Dépêchez-vous	**Hurry up**	**hari** ap
GAZ	**GAS**	gæss
Je me suis égaré(e)	**I'm lost**	aïm lost
Je suis malade	**I'm ill**	aïm il
Laissez-moi tranquille	**Leave me alone**	liiv mii eul**ôôn**
POISON	**POISON**	**poï**zeunn
POLICE	**POLICE**	peul**iiss**
Prudence	**Careful**	**kè**eu*foul
Vite	**Quick**	kouik

Objets perdus – Vol *Lost property – Theft*

Où est le bureau des objets trouvés/le poste de police?	**Where's the lost property office/the police station?**	ouè**eu**z ðeu lost **propeu**ti ofiss/ðeu peul**iiss** st**éi**cheunn
Je voudrais déclarer un vol.	**I'd like to report a theft.**	aïd laïk tou ri**poot** eu θèft
On m'a volé mon/ma ...	**My ... has been stolen.**	maï ... hæz biin st**ôô**leunn
J'ai perdu mon/ma ...	**I've lost my ...**	aïv lost maï
argent	**money**	**mani**
passeport	**passport**	**pââ**spoot
portefeuille	**wallet**	**ouo**lit
sac à main	**handbag**	**hænd**bæg

ACCIDENTS DE VOITURE, voir page 79

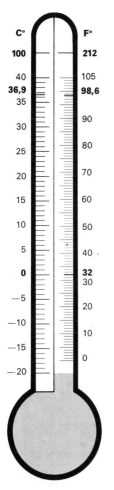

Tables de conversion

Pouces et centimètres

Pour changer les centimètres en pouces, multipliez-les par 0,39.

Pour changer les pouces en centimètres, multipliez-les par 2,54.

12 pouces (inches/in) =
1 pied (foot/ft.)
3 pieds = 1 yard (yd.)

	in.	feet	yards
1 mm	0,039	0,003	0,001
1 cm	0,39	0,03	0,01
1 dm	3,94	0,32	0,10
1 m	39,40	3,28	1,09

	mm	cm	m
1 in.	25,4	2,54	0,025
1 ft.	304,8	30,48	0,304
1 yd.	914,4	91,44	0,914

(32 mètres = 35 yards)

Température

Pour convertir les degrés Centigrade en degrés Fahrenheit, multipliez les premiers par 1,8 et ajoutez 32 au total obtenu.

Pour convertir les degrés Fahrenheit en degrés Centigrade, soustrayez 32 et divisez le résultat par 1,8.

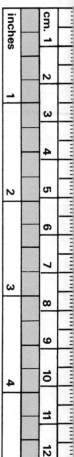

Miles en kilomètres									
1 mile = 1,609 km									
miles	10	20	30	40	50	60	70	80	90	100
km	16	32	48	64	80	97	113	129	145	161

Kilomètres en miles												
1 km = 0,62 miles												
km	10	20	30	40	50	60	70	80	90	100	110	120	130
miles	6	12	19	25	31	37	44	50	56	62	68	75	81

Mesures de capacité					
gallons	litres	gallons	litres	pints	litres
1	4,55	6	27,30	1	0,57
2	9,10	7	31,85	4	2,28
3	13,65	8	36,40		
4	18,20	9	40,95	8 pints = 1 gallon	
5	22,75	10	45,50		

Poids et mesures	
oz = an ounce	1 oz = env. 28 g
(eunn aounss — une once)	¼ lb = env. 113 g
lb = a pound	½ lb = env. 227 g
(eu paound — une livre)	1 lb = env. 454 g
1 kg (a kilo — eu **kilôô**) = 2,2 lb	
100 g (grams — græmz) = 3,5 oz	
2 pints (pt) = 1 quart (qt)	1 pint (païnt) = 0,57 l
4 quarts (qt) = 1 gallon (gal)	1 quart (kouoot) = 1,14 l
	1 gallon (**gæleunn**) = 4,5 l
1 litre (**liiteu**) = 0,88 qt	

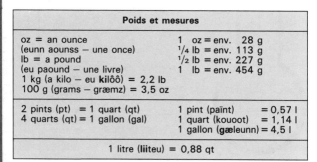

TAILLES DES VÊTEMENTS, voir page 110

Résumé de grammaire

L'article

L'article défini (le, la, les) a une seule forme: *the.*

the room, the rooms   la chambre, les chambres

L'article indéfini (un, une, des) a deux formes: *a* s'emploie devant une consonne, *an* devant une voyelle ou un «h» muet.

a coat   un manteau
an umbrella   un parapluie
an hour   une heure

Some indique une quantité ou un nombre indéfini.

I'd like some water, please.   Je voudrais de l'eau, s.v.p.
Please bring me some biscuits.   Apportez-moi des biscuits, s.v.p.

Any s'emploie dans les phrases négatives et différents types d'interrogatives.

There isn't any soap.   Il n'y a pas de savon.
Do you have any stamps?   Avez-vous des timbres?
Is there any message for me?   Y a-t-il un message pour moi?

Le nom

Le pluriel de la plupart des noms se forme par l'addition de *-(e)s* au singulier.

cup – cups (tasse – tasses)   **dress – dresses** (robe – robes)

Note: Si un nom se termine par *-y* précédé d'une consonne, le pluriel se termine par *-ies;* si le *-y* est précédé d'une voyelle, il n'y a pas de changement.

lady – ladies (dame – dames)   **key – keys** (clef – clefs)

Quelques pluriels irréguliers:

man – men (homme – hommes)   **foot – feet** (pied – pieds)
woman – women (femme – femmes)   **tooth – teeth** (dent – dents)
child – children (enfant – enfants)   **mouse – mice** (souris – souris)

Le complément du nom (génitif)

1. Le possesseur est une personne: si le nom ne se termine pas par -s, on ajoute 's.

| the boy's room | la chambre du garçon |
| the children's clothes | les vêtements des enfants |

Si le nom se termine par s, on ajoute l'apostrophe (').

| the boys' room | la chambre des garçons |

2. Le possesseur n'est pas une personne: on utilise la préposition of:

| the key of the door | la clef de la porte |

L'adjectif

Les adjectifs se placent normalement avant le nom.

| a large brown suitcase | une grande valise brune |

Il y a deux façons de former le comparatif et le superlatif des adjectifs:

1. Les adjectifs d'une syllabe et de nombreux adjectifs de deux syllabes prennent la terminaison -(e)r et -(e)st.

small (petit) – smaller – smallest
pretty (joli) – prettier – prettiest*

2. Les adjectifs de trois syllabes et plus, et certains de deux (en particulier ceux qui se terminent par -ful et -less) forment leurs comparatifs et superlatifs avec more et most.

expensive (cher) – more expensive – most expensive
careful (prudent) – more careful – most careful

Notez les formations irrégulières suivantes:

good (bon)	better	best
bad (mauvais)	worse	worst
little (peu)	less	least
much/many (beaucoup)	more	most

---

* L' «y» se change en «i» lorsqu'il est précédé d'une consonne.

Adverbes

De nombreux adverbes se forment en ajoutant -*ly* à l'adjectif.

quick – quickly	rapide – rapidement
slow – slowly	lent – lentement

Le pronom

	Sujet	Complément (dir./indir.)	Possessif 1	2
Singulier				
1re personne	I	me	my	mine
2e personne	you	you	your	yours
3e personne (m)	he	him	his	his
(f)	she	her	her	hers
(n)	it	it	its	–
Pluriel				
1re personne	we	us	our	ours
2e personne	you	you	your	yours
3e personne	they	them	their	theirs

Note: L'anglais ignore le tutoiement. La forme *you* signifie donc «tu» et «vous».

Le cas complément s'emploie aussi après les prépositions.

Give it to me.	Donnez-le moi.
He came with us.	Il est venu avec nous.

La forme 1 du possessif correspond à «mon», «ton», etc., la forme 2 à «le mien», «le tien», etc.

Where's my key?	Où est ma clef?
That's not mine.	Ce n'est pas la mienne.

Démonstratif

This (ce …-ci, celui-ci; pluriel *these*) se réfère à une chose proche dans l'espace ou le temps. *That* (ce … -là, celui-là; pluriel *those*) se réfère à une chose plus éloignée.

Is this seat taken?	Ce siège est-il occupé?

Verbes auxiliaires

a. **to be** (être)

	Forme contractée	Négatif – formes contractées	
I am	I'm		I'm not
you are	you're	you're not ou	you aren't
he is	he's	he's not	he isn't
she is	she's	she's not	she isn't
it is	it's	it's not	it isn't
we are	we're	we're not	we aren't
they are	they're	they're not	they aren't

Interrogatif: **Am I? Are you? Is he?** etc.

Note: Dans le langage courant, on emploie presque toujours les formes contractées.

L'anglais a deux formes pour le français «il y a»: *there is* (*there's*) suivi d'un nom au singulier; *there are* suivi d'un nom au pluriel.

b. **to have** (avoir)

	Contraction		Contraction
I have	I've	we have	we've
you have	you've	you have	you've
he/she/it has	he/she/it's	they have	they've

Négation: **I have not (I haven't)**
Interrogation: **Have you? – Has he?**

c. **to do** (faire)

	Négatif contracté		Négatif contracté
I do	I don't	we do	we don't
you do	you don't	you do	you don't
he/she/it does	he/she/it doesn't	they do	they don't

Interrogation: **Do you? Does he/she/it?**

Autres verbes

L'infinitif est utilisé pour toutes les personnes du présent; on ajoute simplement *-(e)s* à la 3ᵉ personne du singulier.

	(to) love (aimer)	(to) come (venir)	(to) go (aller)
I	love	come	go
you	love	come	go
he/she/it	loves	comes	goes
we	love	come	go
they	love	come	go

La négation se forme au moyen de l'auxiliaire *do/does* + *not* + infinitif du verbe.

We do not (don't) like this hotel.   Nous n'aimons pas cet hôtel.

L'interrogation se forme aussi avec l'auxiliaire *do* + sujet + infinitif.

Do you like her?   L'aimez-vous?

Présent continu

Ce temps n'existe pas en français. On le forme avec le verbe *to be* (être) + le participe présent du verbe conjugué. Le participe présent se forme en ajoutant *-ing* à l'infinitif (en laissant tomber le *-e* final quand il y en a un). Notez que le présent continu ne peut s'employer qu'avec certains verbes, car il indique une action qui se passe ou un état qui est, au moment précis ou on parle.

What are you doing?   Que faites-vous?
I'm writing a letter.   J'écris une lettre.

Impératif

L'impératif (singulier et pluriel) a la même forme que l'infinitif (sans *to*). La négation se forme avec *don't*.

Please bring me some water.   Apportez-moi de l'eau, s.v.p.
Don't be late.   Ne soyez pas en retard.

Lexique
et index alphabétique

Français-Anglais

à at, to 15
abbaye abbey 81
à bientôt see you soon 10
abcès abscess 145
abréviation abbreviation 154
abricot apricot 52
accepter to accept 62, 102
accessoires accessories 115, 126
accident accident 79, 139
achat purchase 131
achats, guide des shopping guide 97
acheter to buy 82, 100
acier steel 109
acier inoxydable stainless steel 109
acteur/actrice actor 87
action *(titre)* share 131
addition bill 62
adresse address 21, 76, 79, 102
aéroport airport 21, 65
affaires business 16, 131
affreux awful 84, 94
Afrique Africa 146
Afrique du Sud South Africa 146
âge age 149
agence de voyage travel agency 99
agenda diary 118
agneau lamb 45
agrandir *(photo)* to enlarge 126
agréable enjoyable 31; lovely 95
aider to help 13, 21, 78, 100, 103
aiglefin haddock 44
aigre sour 61
aiguille needle 27, 115
ail garlic 49
aimable kind 95
aimer to like 13; to love 163
alcool alcohol 37

alcool à brûler methylated spirits 108
alcool, sans non alcoholic 58
alcoolique alcoholic 57
Algérie Algeria 146
aliment food 109
Allemagne Germany 146
aller to go 72, 73, 77, 88, 96; *(vêtement)* to fit 113
aller chercher to get 137, 156
aller retour return 65, 69
aller simple single 65, 69
allergique allergic 141, 143
alliance *(bague)* wedding ring 105
allumage ignition 78
allumette match 107, 108
alphabet alphabet 9
alpinisme mountaineering 90
amande almond 52
ambassade embassy 156
ambre amber 106
ambulance ambulance 79, 156
amener to bring 95
amer bitter 61
Amérique du Nord North America 146
Amérique du Sud South America 146
améthyste amethyst 106
ami friend 95; boyfriend 93
amie friend 95; girlfriend 93
ample loose 113
amplificateur amplifier 104
ampoule *(électrique)* bulb 28, 75, 104; *(méd.)* blister 139
amuser, s' to enjoy oneself 96
amygdales tonsils 138
an year 110, 149

analgésique analgesic 122; painkiller 140
ananas pineapple 52
anchois anchovy 41, 44
ancien old 14
andouille chitterling 45
anesthésie anaesthetic 144, 145
aneth dill 49
anglais English 35, 95, 111
Angleterre England 146
anguille eel 42, 44
animal animal 85
anis aniseed 49
année year 92, 149
année bissextile leap year 149
anniversaire birthday 151, 152
annuaire téléphonique telephone directory 134
annuler to cancel 65
antibiotique antibiotic 143
antiquaire antique shop 98
antiquité antique 83, 127
antiseptique antiseptic 122
août August 150
apéritif aperitif 57
à point *(viande)* medium (done) 46
appareil de photos camera 125
appartement flat 22
appel *(téléphonique)* call 136
appeler to call 79, 136, 156
appendicite appendicitis 142
apporter to bring 13, 38
après after 15, 143
après-midi afternoon 10, 151
après-rasage after-shave 123
arbre tree 85
archéologie archaeology 83
architecte architect 83
architecture architecture 83
argent money 18, 102, 130, 156; *(devise)* currency 129, 133; *(métal)* silver 105, 106; *(couleur)* silver 111
argenté silver plated 105, 106
argenterie silverware 105
arracher *(dent)* to extract 145
arrêt stop 73
arrêt de bus bus stop 19, 72, 73
arrêt sur demande request stop 73
arrêter, s' to stop 21, 68, 70, 72
arrière, à l' at the back 145
arrivée arrival 16, 65
arriver to arrive 65, 68
art art 83

artère artery 138
artichaut artichoke 41, 48
articles de toilette toiletry 123
articulation joint 138
artificiel artificial 125
artisanat handicrafts 83
artiste artist 83
ascenseur lift 27, 103
Asie Asia 146
asperge asparagus 41, 48
aspirine aspirin 122
asseoir, s' to sit down 95
assez enough 14
assiette plate 36, 61, 109
assistance routière road assistance 78
assister to attend 87
assortir to match 112
assurance insurance 20, 144; insurance company 79
assurance maladie health insurance 144
asthme asthma 141
athlétisme athletics 89
attendre to wait (for) 21, 95, 155; to expect 13
attention caution 155
attention! look out! 156
attirail de pêche fishing tackle 108
auberge inn 33
auberge de jeunesse youth hostel 22, 32
aubergine aubergine 48
aujourd'hui today 151
au revoir goodbye 10
aussi also, too 15
Australie Australia 146
auto-collant adhesive 118
autocar coach 72
automatique automatic 20, 106, 125
automne autumn 150
autoradio car radio 104
autoroute motorway 76
autostop, faire de l' to hitchhike 74
autre other 56
Autriche Austria 146
avaler to swallow 143
avancer *(montre)* to be fast 105, 153
avant before 15
avant, à l' in front 75
avec with 15
avertir to notify 144
avion plane 65

avion, par airmail 132
aviron rowing 89
avocat *(légume)* avocado 41
avoir to have 13, 162
avril April 150

B

bagage luggage 18, 21, 26, 31, 71
bagages, chariot à luggage trolley 18, 71
bagagiste porter 27
bague ring 105
bain bath 23, 25
bain de mousse bubble bath 107
balcon balcony 23; *(théâtre)* dress circle 88
ballet ballet 87
ballon ball 128
banane banana 52
bandage élastique elastic bandage 122
banque bank 99, 129, 130
bar bar 33, 34
barbe beard 31
barrette hair slide 124
bas stocking 114
bas low 141
bas, en down 14
basilic basil 49
basketball basketball 89
basse saison low season 150
bassin *(pour le lit)* bed pan 144
bateau boat 74
bateau à rames rowing-boat 91
bateau de sauvetage life boat 74
bâtiment building 81, 83
bâtir to build 83
batiste cambric 112
batterie battery 75, 78
beau beautiful 14, 84; nice 94; lovely 94
beaucoup much, *(pl.)* many, a lot 14
beaux-arts fine arts 83
bébé baby 124
bécasse woodcock 47
beige beige 111
belge Belgian 18, 92
Belgique Belgium 134, 146
bénéfice profit 131
besoin, avoir to need 13, 29, 130, 137
betterave beetroot 48
beurre butter 37, 38, 64
biberon feeding bottle 124

bibliothèque library 81, 99
bicyclette bicycle 74
bidon *(d'essence)* jerry can 78
bien well 10, 140; fine 10, 25
bien cuit *(viande)* well-done 46
bientôt soon 15
bientôt, à see you soon 10
bière beer 55, 64
bifteck steak 34, 45
bigoudi curler 124
bijou jewel 106
bijouterie jeweller's 98, 105
bikini bikini 114
bilan de santé check-up 142
billet ticket 69, 87, 88, 89; *(de banque)* (bank) note 130
biscuit biscuit 64, 127
blaireau shaving brush 123
blanc white 56, 111, 125
blanchisserie laundry 24, 29, 99; *(service de blanchisserie)* laundry service 24
blessé injured 79, 139
blesser, se to hurt 139
blessure injury 139; wound 139
bleu blue 111; *(viande)* rare 46
bloc à dessins sketch pad 118
bloc-notes note pad 118
bloqué jammed 28, 126
blouse blouse 114
bœuf beef 45
boire to drink 35, 36, 55
bois wood 85
boisson drink 55, 57, 58, 61
boîte box 119; *(conserve)* tin 119
boîte aux lettres letter box 132
boîte de nuit nightclub 88
boîte de peinture paintbox 118
boîte à provisions food box 109
boîte à vitesses gear box 78
bon good 14, 35, 86, 96, 110
bonbonnerie sweet shop 98
bonbons sweets 64, 107
bonjour good morning 10; good afternoon 10
bon marché cheap 14, 24, 25, 101; inexpensive 125
bonnet de bain bathing cap 115
bonsoir good evening 10
bosse lump 139
botanique botany 83
botte boot 116; *(en caoutchouc)* Wellington boot 116
bouche mouth 138, 142

boucherie butcher's 98
boucle *(de ceinture)* buckle 115
boucle d'oreille earring 105
boudin black pudding 45
bouée *(de sauvetage)* life belt 74
bouger to move 139
bougie candle 108; *(voiture)* spark plug 78
bouilli boiled 38, 46, 48
bouilloire kettle 104, 108
bouillotte hot-water bottle 27
boulangerie baker's 98
Bourse stock exchange 81
boussole compass 108
bouteille bottle 17, 56
bouton button 29, 115
bouton de manchette cuff link 105
bouton-pression press stud 115
bracelet bracelet 105; *(anneau)* bangle 105
bracelet de montre watch strap 105
bras arm 138, 139
breloque charm 105
bretelles braces 114
briquet *(cigarette)* lighter 105, 107
britannique British 93
broche brooch 105
brochet pike 44
brosse à cheveux hairbrush 124
brosse à dents toothbrush 104, 123
brosse à ongles nail brush 124
brouillard fog 94
brun brown 111
brûlure burn 139
brushing blow-dry 30
bruyant noisy 25
bureau office 80
bureau de change currency exchange office 18, 67, 129
bureau de location box office 86
bureau des objets trouvés lost property office 67, 99, 156
bureau de poste post office 99, 132
bureau de renseignements information office 19, 67
bureau de tabac tobacconist's 98, 107
bus bus 11, 18, 19, 67, 72, 73

C

cabillaud cod 44
cabine cabin 74
cabine d'essayage fitting room 113

cabine de bain bathing hut 91
cabine téléphonique telephone booth 134
cabinet médical surgery 137
câble de remorquage towrope 78
cacahuète peanut 52
cadeau present 17; *(gift)* gift 118
cadenas padlock 108
café coffee 38, 60, 64; *(établissement)* coffee house 33
café en poudre instant coffee 64
cahier exercise book 118
caille quail 47
caisse cash desk 103, 155
calculatrice pocket calculator 104
calendrier calendar 118
calepin notebook 118
calmant painkiller 144
calmar squid 44
caméra cine camera 125
caméra vidéo video camera 125
campagne countryside 85
camper to camp 32
camping camping 32, 108
camping, matériel de camping equipment 108
Canada Canada 146
canal canal 85
canard duck 47
canif penknife 108
cannelle cinnamon 49
canot à moteur motorboat 91
capital capital 131
câpre caper 49
car coach 72
carafe carafe 56
caramel toffee 119
carat carat 105
caravane caravan 32
carburateur carburettor 78
carnet d'adresses address book 118
carotte carrot 48
carré square 100
carrefour crossroads 77
carte card 128, 131; *(restaurant)* menu 36, 39, 40
carte de crédit credit card 20, 31, 62, 102, 130
carte d'identité identity card 16
carte à payement magnétique *(tél.)* telephone card 134
carte postale postcard 107, 118, 132

carte routière (road) map 76, 117
carte verte Green Card 16
carte des vins wine list 36
cartouche *(cigarettes)* carton (of cigarettes) 17, 107
casquette cap 115
cassé broken 29, 104, 120, 139, 140
casserole saucepan 108
cassette cassette 127; *(film)* cartridge 125
cassis blackcurrant 52, 58
catalogue catalogue 82
cathédrale cathedral 81
catholique catholic 84
caution deposit 20
ce this 11, 161
ceci this 11, 161
céder le passage to give way 79
ceinture belt 115
ceinture de sauvetage life belt 74
ceinture de sécurité seat belt 75
cela that 11, 161
céleri celery 48
célibataire single 93
cendrier ashtray 27, 36
cent hundred 148
centimètre centimetre 157; *(ruban)* tape measure 115
centre centre 19
centre des affaires business district 81
centre commercial shopping centre 81, 98
centre-ville town centre 21, 72, 76, 81; city centre 81
céramique ceramics 83
céréales cereal 38
cerise cherry 52
certificat certificate 144
chaîne chain 105
chaise chair 108
chaise longue deck chair 91, 108
chaise pliante folding chair 108
châle shawl 115
chambre room 19, 23, 25, 26, 28
chambre à deux lits double room 19, 23
chambre à un lit single room 19, 23
champ field 85
champ de courses race course 90
champagne champagne 56
champignon mushroom 41, 48, 63

chance luck 152
change change 18, 65, 129
change, bureau de currency exchange office 18, 67, 129
changer to change 18, 68, 69, 73, 75, 120, 130
chanson song 128
chanter to sing 87
chapeau hat 114
chapelet rosary 105
chapelle chapel 81
chaque each 143; every 149
charbon de bois charcoal 108
charcuterie cold cuts 41; *(magasin)* delicatessen 98
chariot à bagages luggage trolley 18, 71
chasse hunting 90
chasser to hunt 90
chasseur *(hôtel)* page 27
chat cat 139
châtaigne chestnut 52
château castle 81
chaud warm 25, 100; hot 14, 24, 25, 28, 38, 94, 155
chauffage heating 23, 28
chauffer to heat 90
chaussette sock 114
chaussure shoe 116
chaussure de gymnastique plimsolls 116
chaussure de marche walking shoe 116
chaussure de tennis tennis shoe 116
chef d'orchestre conductor 87
chemin way 76; path 85
chemise shirt 114
chemise de nuit nightdress 114
chèque cheque 130, 131
chèque à ordre personal cheque 130
chèque de voyage traveller's cheque 18, 62, 102, 130
cher expensive 14, 24
chercher to look for 13, 100
chevalière signet ring 105
cheveu hair 30, 124
cheville ankle 139
chevreuil *(cuisine)* venison 47
chewing-gum chewing gum 107
chez at 15
chicorée endive 48
chien dog 139, 155

chiffre number 147
Chine China 146
chips crisps 64
chirurgien surgeon 144
chocolat chocolate 38, 54, 64, 107, 119
chou cabbage 48
chou-fleur cauliflower 48
choux de Bruxelles Brussels sprouts 48
chrome chromium 106
chronomètre stop-watch 106
chute d'eau waterfall 85
ciboulette chives 49
cidre cider 58
ciel sky 94
cigare cigar 107
cigarette cigarette 95, 107
cimetière cemetery 81
cinéma cinema 86, 96
cinq five 147
cinquante fifty 147
cinquième fifth 149
cintre hanger 27
ciseaux scissors 108
ciseaux à ongles nail scissors 123
citron lemon 37, 38, 52, 58, 59
citron vert lime 52, 58
clair light 112
classe class 65, 69
classe touriste economy class 65
classique classical 128
clavicule collarbone 138
clef key 26
clef anglaise spanner 78
client customer 103
climatisation air conditioning 23, 28
cloître cloister 81
clou nail 108
clovisse cockle 44
cochon de lait sucking pig 45
cœur heart 138
coffre-fort safe 26
coffret à bijoux jewel case 105
cognac brandy 57
coiffeur hairdresser's 27, 30, 99; (messieurs) barber's 99
coin corner 21, 36, 77
coincé stuck 28
coing quince 52
col collar 29
col roulé polo neck 114
collants tights 114
colle glue 118

collier necklace 106
colline hill 85
colonne vertébrale spine 138
combien how much 11; (pl.) how many 11
combien de temps how long 11
comédie comedy 86
comédie musicale musical 86
commande order 40
commander to order 36, 61, 101, 103
commencer to begin 11
comment how 11
commission commission 130
communication (tél.) (phone) call 134, 135, 136
communication en P.C.V. reverse-charge call 135
compagnie d'assurance insurance company 79
compartiment compartment 71
complet sold out 88; (hôtel) no vacancies 155
complet (costume) suit 114
comprendre to understand 12, 16, 101, 135
compris included 20, 24, 31, 32, 62, 80
compte account 130
concert concert 86, 87
concert, salle de concert hall 82
concierge hall porter 27
concombre cucumber 41, 48, 64
condiment seasoning 37
conduire (véhicule) to drive 76; (à) to take to 21
confirmation confirmation 23
confirmer to confirm 65
confiserie cake shop 98
confiture jam 38, 59, 119; (d'oranges) marmalade 38
congé, jour de day off 151
connaissance, faire to make friends 10, 92
connaissance, sans unconscious 139
connaître to know 96, 111
conseiller (recommander) to recommend 36, 80
consigne à bagages left-luggage office 18, 67, 71
consigne automatique luggage locker 18, 67, 71
constipation constipation 121

constipé constipated 140
construire to build 83
consulat consulate 156
consultation *(médecin)* surgery hour 137
contagieux contagious 142
contenir to contain 37
continuer to go ahead 21, 77
contraire opposite 14
contrat contract 131
contre against 15
contrôle control 16
contrôler to check 75, 120
contusion bruise 140
conversion conversion 157, 158
copie *(photo)* print 126
coquille Saint-Jacques scallop 44
cor *(au pied)* corn 122
corail coral 106
corde rope 108
cordonnier shoemaker's 99; heel bar 99
cornemuse bagpipes 127
cornichon gherkin 49, 64
corps body 138
correspondance *(transports)* connection 65, 68
costume suit 114
costume de bain swimsuit 114
côte rib 138
côté side 30
côté, à next to 15, 77
côtelette chop 45
coton cotton 112, 113; *(hydrophile)* cotton wool 122
cou neck 138
couche-culotte nappy 124
couchette berth 69, 71
coude elbow 138
coudre to sew 29
couler *(robinet)* to drip 28
couleur colour 101, 111, 112, 126
coup de soleil sunburn 140
coupe *(cheveux)* haircut 30
coupe-ongles nail clippers 123
couper to cut 135, 139
coupure cut 139
courant current 91
courge pumpkin 48
courgette courgette 48
courrier post 133
courroie de ventilateur fan belt 76
cours course 16; *(change)* exchange rate 18, 130

cours de langue language course 16
courses de chevaux horse racing 89, 90
course cycliste cycle racing 89
course de voiture car racing 89
court short 30, 100, 113, 114
court de tennis tennis court 90
cousin(e) cousin 93
couteau knife 36, 61, 109
coûter to cost 11, 80
coutume habit 34
couturière dressmaker 99
couvent convent 81
couverts cutlery 106, 108, 109
couverture blanket 27
crabe crab 41, 44
craindre to be afraid 103
crampe cramp 141
cravate tie 115
crayon pencil 118
crayon de couleur coloured pencil 118
crayon pour les yeux eyebrow pencil 123
crédit credit 130, 131
crème cream 38, 60, 64; *(Chantilly)* whipped cream 54, 60
crème à chaussures shoe polish 116
crème démaquillante cleansing cream 123
crème hydratante moisturizing cream 123
crème de jour day cream 123
crème pour les mains hand cream 123
crème de nuit night cream 123
crème pour les pieds foot cream 123
crème à raser shaving cream 123
crème solaire sun-tan cream 123
crèmerie dairy 98
crêpe pancake 54
crevaison puncture 75
crevette prawn 42, 44; shrimp 42, 44
cric jack 78
cricket cricket 89
crise cardiaque heart attack 141
cristal crystal 106
cristal taillé cut glass 106
croire *(penser)* to think 31, 62, 94, 102
croisière cruise 74

croix cross 106
cube de glace ice cube 27
cuillère spoon 37, 61, 109
cuillère à café teaspoon 109, 143
cuir leather 112, 116
cuisine *(art culinaire)* cooking 35
cuisse thigh 138
cuit à la vapeur steamed 48
cuit au four *(rôti)* baked 46, 50
cuivre copper 106
culotte panties 114
culte service 84
cumin caraway 49
cure-pipe pipe tool 107
cyclisme cycling 90
cystite cystitis 142

D

daim suede 112, 116
dame lady 155
Danemark Denmark 146
danger danger 79, 156
danger, sans safe 91
dangereux dangerous 91
dans in 15
danser to dance 87, 88, 96
date date 25, 151
date de naissance date of birth 25
datte date 52
de from 15
dé *(à coudre)* thimble 115; *(à jouer)*
    dice 128
début beginning 150
débuter to start 86
décaféiné decaffeinated 38, 60
décembre December 150
déchiré torn 140
décision decision 25, 101
déclaration *(douane)* customs declar-
    ation form 133
déclarer *(douane)* to declare 17; *(à
    la police)* to report 156
décoller *(avion)* to take off 65
décoloration bleach 30
dedans inside 14
déduire to deduct 102
dehors outside 14, 36
déjà already 15
déjeuner lunch 80, 94
demain tomorrow 29, 96, 137, 151
demander to ask 13, 36, 76, 136;
    to ask for 25
démaquillant, lait cleansing milk
    123

démarrer to start 78
demi half 80, 119, 149
demi-heure half an hour 153
demi-pension half board 24
demi-tarif half price 69
dent tooth 145
dentelle lace 112, 127
dentier denture 145
dentifrice toothpaste 123
dentiste dentist 99, 145
déodorant deodorant 123
dépanneuse breakdown lorry 78
départ departure 65
dépasser to overtake 79
dépêcher, se to hurry (up) 156
dépenser to spend 101
dépilatoire depilatory cream 123
dépôt *(banque)* deposit 130
depuis since 15, 150
déranger to disturb 155
dernier last 68, 73, 92, 150
derrière behind 15, 77
descendre *(d'un véhicule)* to get off
    73
déshabiller, se to undress 142
désinfectant disinfectant 105
désirer to want 35, 103
désolé(e)! sorry! 10, 103
dessert dessert 37, 53
dessous, au below 15
dessus, au above 15
deux two 147
deux fois twice 149
deuxième second 149
deuxième classe second class 69
devant in front of 15
développement *(photo)* processing
    125
déviation diversion 79
devis estimate (of the cost) 79,
    131
devoir must 31, 95; *(être redevable)*
    to owe 144
diabétique diabetic 37, 141
diamant diamond 106
diapositive slide 125
diarrhée diarrhoea 140
dictionnaire (de poche) (pocket)
    dictionary 12, 117
diesel diesel 75
difficile difficult 14
difficulté difficulty 28
digitale *(montre)* digital 106
dimanche Sunday 82, 151

dinde turkey 47
dîner dinner 34, 94; supper 34
dire to say 12; to tell 13, 73, 76, 136, 153
direct direct 65
direct *(train)* through train 69
directeur manager 27
direction direction 76; *(voiture)* steering 78
discothèque discotheque 88, 96
disquaire record shop 98
disque record 127, 128
disque compact (CD) compact disc 127
dissolvant nail polish remover 123
divers miscellaneous 127
dix ten 147
dix-huit eighteen 147
dix-neuf nineteen 147
dix-sept seventeen 147
dixième tenth 149
docks docks 81
docteur doctor 137, 145
doigt finger 138
donner to give 13, 107, 120
dormir to sleep 144
dos back 138
douane customs 16; *(droit)* duty 17
double double 57
douche shower 23, 32
douleur pain 140, 141, 143, 144
doux *(sucré)* sweet 61
douzaine dozen 149
douze twelve 147
droguerie chemist's 98, 121
droit straight 77
droite, à right 21, 30, 77
dur hard 38, 120; tough 61
durer *(prendre temps)* to take 61, 72, 74, 79, 101

E

eau water 24, 28, 38, 75, 90, 91
eau-de-vie brandy 57
eau minérale mineral water 58, 64
eau potable drinking water 32
eau de toilette toilet water 123
échalote shallot 49
échanger to exchange 102
échecs *(jeu)* chess 128
éclair lightning 94
école school 79
économie economy 83
écorchure graze 139

écossais Scottish 93
Ecosse Scotland 146
écouter to listen 128
écouteurs headphones 104
écrevisse crayfish 44
écrire to write (down) 12, 101, 163
écriteau sign 155
édulcorant artificial sweetener 37, 38
égaliser *(barbe)* to trim 31
égaré *(perdu)* lost 13, 156
église church 81, 84
Egypte Egypt 146
élastique elastic 115; rubber band 118
électricien electrical shop 98
électricité electricity 32
électrique electric 104; electrical 78
électronique electronic 128
élégant elegant 100
élément réfrigérant ice pack 108
élevé *(haut)* high 141
elle she 161
elles they 161
émail enamel 106, 127
emballer to wrap up 102
embarquement embarkation 74
embrayage clutch 78
émeraude emerald 106
emplâtre pour cors corn plaster 122
empoisonnement poisoning 142
emporter to take away 34, 63
en in 15
encaisser *(chèque)* to cash 130, 133
enceinte pregnant 141
enchanté(e)! How do you do? 10, 92
encre ink 118
endive chicory 48
endroit place 76
enfant child 24, 36, 82, 93, 139, 150
enflé swollen 139
enflure swelling 139
enregistrement *(bagages)* registration 25
enregistrement, se présenter à l' to check in 65
enregistrer *(bagages)* to register 71
enregistreur à cassette cassette recorder 127
ensuite then 15
entier whole 143

entre between 15
entrée admission 82, 89; entrance 67, 103, 155; *(prix)* entrance fee 82; *(menu)* starter 41
entrée interdite no admittance 155
enveloppe envelope 27, 118
environ about 79, 153
envoyer to send 78, 102, 103, 132, 133
épais thick 112
épaule shoulder 138
épeler to spell 12
épice spice 49
épicerie grocer's 98, 119
épinard spinach 48
épingle pin 115; *(cheveux)* hair pin 124; *(cravate)* tie pin 106; *(de sûreté)* safety pin 115
éponge sponge 123
épuisé *(marchandises)* out of stock 103
équipe team 89
équipement equipment 91
équitation (horse) riding 90
erreur mistake 31, 61, 62, 102
éruption *(méd.)* rash 139
escalier stair(case) 103
escalier roulant escalator 103
escalope escalope 45
escargot snail 42
escompte discount 131
Espagne Spain 146
essayer *(vêtements)* to try (on) 113
essence petrol 75, 78
essence sans plomb unleaded petrol 75
essuie-glace wiper 76
est east 77
estomac stomach 138
estomac, mal à l' stomach ache 141
estragon tarragon 49
et and 15
étage floor 26, 103
étagère shelf 119
étain pewter 106
étang pond 85
Etats-Unis United States 146
été summer 150
étendre, s' to lie down 142
ethnologie ethnology 84
étiquette label 115
étoile star 94
étrange strange 84

étranger foreign 133
étranger, à l' abroad 133
être to be 13, 14, 161
étroit narrow 100, 116; *(habits)* tight 113
étudiant/étudiante student 82, 93
étudier to study 93
étui case 106, 120, 126
étui à lunettes spectacle case 120
eurochèque Eurocheque 62, 102, 130
Europe Europe 146
eux they 161
évanouir, s' to faint 140
exact right 11
excursion excursion 80
excusez-moi! excuse me! 10
exotique exotic 50
expliquer to explain 12
exposition exhibition 81
exprès express 132
expression expression 100; phrase 12; term 131
extérieur, à l' outside 36

F

fabrique factory 81
face, en opposite 77
facile easy 14
facture invoice 131
faim, avoir to be hungry 13, 35
faire to make 131; to do 162
faire escale *(bateau)* to call at 74
faire mal to hurt 139, 140, 145
faisan pheasant 47
fait main handmade 113
fait maison home-made 40, 59
falaise cliff 85
famille family 93, 144
farci stuffed 48
fard à joue blusher 123
fard à paupières eye shadow 123
farine flour 37, 64
fatigué tired 13
faux wrong 14, 77, 135, 136
favoris sideboards 31
félicitation congratulation 152
femme woman 110, 159; *(épouse)* wife 10, 93
femme de chambre maid 27
fenêtre window 28, 36, 69, 70
fenouil fennel 48; dill 49
fer à repasser (de voyage) (travelling) iron 104

ferme farm 85
fermé shut 14
fermer to close 11, 70, 82, 98, 121, 129, 132
fermeture éclair zip 115
ferry ferry 74
feu fire 156; *(circulation)* traffic light 77
feutre felt 112
février February 150
ficelle string 118
fiche *(d'enregistrement)* registration form 25, 26
fièvre fever 121; temperature 140
figue fig 52
fil thread 27, 115
filet fillet 45
fille daughter 93
fille(tte) girl 110, 128
film film 86, 125, 126
film couleurs colour film 125
film-disque disc film 125
film noir/blanc black and white film 125
fils son 93
filtre filter 107, 126
fin end 69, 150
fin de semaine weekend 151
fines herbes herbs 49
Finlande Finland 146
fixatif setting lotion 30, 124
flanelle flannel 112
flash flash 126
flet flounder 44
flétan halibut 44
fleur flower 85
fleuriste florist's 98
foie liver 45, 138
foire fair 81
fois time 95, 143, 149
fois, une once 149
foncé dark 111, 112
fonctionner to work 28, 104
fond de teint foundation cream 123
fontaine fountain 81
football football 89
forêt wood 85
format size 125
forme shape 101
formulaire form 133
fort strong 107, 143; *(voix)* loud 135
forteresse fortress 81
foulard scarf 115

foulé sprained 140
fourchette fork 37, 61, 109
fourgon à bagages luggage van 66
fourreur furrier's 99
fourrure fur 114
frais expenses 131
frais fresh 52, 61
fraise strawberry 52, 54
framboise raspberry 52, 54
franc franc 18, 130; *(belge)* Belgian franc 18, 130; *(français)* French franc 18, 130; *(suisse)* Swiss franc 18, 130
français French 12, 16, 18, 80, 82, 92, 117, 137
France France 134, 146
frange fringe 30
frapper to knock 155
frein brake 75, 78
frère brother 93
frissons shivers 140
frit fried 44, 46, 50
frites chips, french fries 50
froid cold 14, 25, 38, 61, 94, 155
froissé creased 29
froisser *(muscle)* to pull 140
fromage cheese 38, 51, 64, 119
fruit fruit 52, 54
fruits de mer seafood 44
fumé smoked 41, 42
fume-cigarettes cigarette holder 107
fumer to smoke 95, 155
fumeur smoker 68
furoncle boil 139
fusible fuse 104

G

gaine girdle 114
galerie gallery 81; *(théâtre)* upper circle 88
galerie d'art art gallery 81, 99
gant glove 115
garage garage 26, 78
garçon boy 110, 128; *(restaurant)* waiter 36
garde d'enfants babysitter 27
garder to keep 62
gardien de plage lifeguard 91
gare *(railway)* station 19, 21, 67
garer *(voiture)* to park 77
gargarisme mouthwash 122
garniture *(plat)* side dish 40
gastrite gastritis 142

gâteau cake 37, 54, 59; pie 53
gauche left 21, 30, 77, 79
gaufre waffle 54
gaz gas 32, 108, 156
gaz butane butane gas 32, 108
gaze (pansement) gauze 122
gel frost 94; (cheveux) hair gel 30, 124
gencive gum 145
général general 26, 100, 137
généraliste (médecin) general practitioner 137
genou knee 138
gens people 92
géologie geology 83
gibier game 47
gigot leg 45
gilet waistcoat 114; (laine) cardigan 114
gingembre ginger 49, 55, 58
glace ice 92; (dessert) ice-cream 54, 64; (miroir) mirror 120
glacé chilled 56
glacière cool box 108
gobelet (plastic) cup 109
golf golf 90
gomme rubber 118
gonfleur air pump 108
gorge throat 138
gorge, mal à la sore throat 141
gourde water flask 108
gourmette chain bracelet 106
goûter to try 53
goutte drop 122
gouttes pour le nez nose drops 122
gouttes pour les oreilles ear drops 122
gouttes pour les yeux eye drops 122
graisse fat 37
grammaire grammar (book) 118, 159
gramme gram 119
grand big 14, 25; large 20, 101, 111, 116
grand magasin department store 98, 100, 103
grand lit double bed 23
Grande-Bretagne Great Britain 146
grand-mère grandmother 93
grand-père grandfather 93
grand teint colourfast 113
gras greasy 30, 123, 124
Grèce Greece 146

grêle hail 94
griffer to scratch 139
gril grill 108
grillé grilled 44, 46, 48; (ampoule) burned out 28
grippe flu 141
gris grey 111
groseille à maquereau gooseberry 52
groseille rouge red currant 52
grotte cave 85
groupe group 82
guichet counter 133; (billets) ticket office 19, 67; (réservations) booking office 19
guide guide 80; (livre) guidebook 82, 117
gynécologue gynaecologist 137, 141

H

habillement clothing 110
habits clothes 29, 114
habituel usual 143
hamac hammock 108
handicapé disabled 82
hareng herring 41, 44; (salé et fumé) kipper 41
haricot (blanc) bean 63; (vert) French bean 48
haut high 85, 116, 141
haut, en up 14
haute saison high season 150
haut-parleur speaker 104
hélicoptère helicopter 74
heure hour 77, 80, 90, 143, 153; time 68, 80, 153
heure, à l' on time 68, 153
heures d'ouverture opening hours 82, 129
heures de visite visiting hours 144
heureux happy 152
hier yesterday 151
histoire history 83
histoire naturelle natural history 83
hiver winter 150
homard lobster 41, 44
homéopathique homeopathic 121
homme man 110, 159
honoraires fee 144
hôpital hospital 142, 144
horaire timetable 68
horloge clock 106, 153
horloger watchmaker's 99

horlogerie watchmaker's 99, 105
horrible horrible 84
hors d'œuvre starter, hors d'œuvre 41
hors service out of order 155
hôtel hotel 19, 22, 80, 102
hôtel, réservation d' hotel reservation 19
hôtel de ville city hall, town hall 81
huile oil 37, 75
huile solaire sun-tan oil 123
huit eight 147
huitième eighth 149
huître oyster 41, 44
hydroglisseur hydrofoil 74
hypothèque mortgage 131

I

ici here 14
il he 161
ils they 161
immédiatement straight away 36
imperméable raincoat 114
important important 14
importé imported 113
impressionnant impressive 84
inclus included 62
Inde India 146
indicatif *(téléphonique)* dialling code 134
indigestion indigestion 121, 141
indiquer to show 13
infecté infected 140
infection infection 141, 145
inférieur lower 69
infirmière nurse 144
inflammation inflammation 142
inflation inflation 131
information information 19, 67
infroissable crease resistant 113
injection injection 144
insecte insect 122
insectes, protection contre insect repellent 122
insecticide insect spray 122
instant moment 12, 136
institut de beauté beauty salon 30, 99
interdit forbidden 155
intéressant interesting 84
intéresser, s' to be interested in 83, 96
intérêt *(banque)* interest 131
international international 133, 134

interne *(tél.)* extension 135
interprète interpreter 131
interrupteur switch 29
intestin intestine 138
intoxication (alimentaire) (food) poisoning 142
invitation invitation 94
inviter to invite 94
iode, teinture de iodine 122
irlandais Irish 93
Irlande Ireland 146
irrité *(douloureux)* sore 145
Islande Iceland 146
Israël Israel 146
Italie Italy 146
ivoire ivory 106

J

jade jade 106
jamais never 15
jambe leg 138
jambon ham 38, 41, 45, 64, 119
janvier January 150
Japon Japan 146
jaquette jacket 114
jardin garden 81, 85
jardin botanique botanical garden 81
jardinière de légumes (mixed) vegetables 48
jaune yellow 111
jaunisse jaundice 142
je I 161
jeans jeans 114
jeans, toile de denim 112
jeu game 128
jeu de cartes card game 128
jeu de constructions building blocks 128
jeudi Thursday 151
jeune young 14
joli pretty 84
jouer to play 87, 89, 90
jouet toy 128
jour day 16, 20, 32, 150, 151
jour de congé day off 151
jour férié (public) holiday 151, 152
jour ouvrable working day 151
journal newspaper 117
journée day 80, 94, 151
joyeux merry 152
juillet July 150
juin June 150
jumelles (pair of) binoculars 120

LEXIQUE

jupe skirt 114
jupon slip 114
jus juice 37, 38, 58, 64
jus de fruits fruit juice 37, 41, 58, 64
jus d'orange orange juice 58
jus de pomme apple juice 58
jus de tomate tomato juice 42, 58
jusqu'à until 15
juste right 12, 14, 70, 76

K

kilo kilo 119, 158
kilométrage mileage 20
kilomètre kilometre 158
kilt kilt 127
kiosque à journaux newsstand 67, 98, 117

L

la the 159
là, là-bas there 14
lac lake 23, 81, 85, 90
lacet shoelace 116
laid ugly 14, 84
lainages knitwear 127
laine wool 112, 115
laisser to leave 20, 26, 96, 156
lait milk 38, 59, 60, 64
laiterie dairy 98
laitue lettuce 48
lame de rasoir razor blade 123
lampe lamp 29, 104
lampe de chevet reading lamp 27
lampe de poche torch 104, 108
lande heath 85
lange *(couche-culotte)* nappy 124
langue tongue 138; language 16
lanterne lantern 108
lapin rabbit 45
laque *(cheveux)* hair spray 30, 124
laquelle which 11
lard bacon 38, 45; *(fumé)* gammon 45
large *(chaussure)* wide 116
laurier bay leaf 49
lavabo wash-basin 28
laver to wash 29, 76, 113
laxatif laxative 122
le the 159
les the 159
léger light 14, 100
légume vegetable 48
lent slow 14, 79, 161

lentement slowly 12, 21, 135
lentille lentil 48
lequel which 11
lessive, poudre à washing powder 108
lettre letter 28, 132
lettre de crédit letter of credit 130
lettre de recommandation introduction 130
lever, se to get up 144
lèvre lip 124
librairie bookshop 98, 117
libre free 71, 80, 82, 95
lieu place 25
lieu de naissance place of birth 25
lieu de résidence home address 25
lièvre hare 47
ligne line 73, 136
lime *(à ongles)* nail file 123
limonade lemonade 58
lin linen 112, 127
linge towel 27; laundry 29
liqueur liqueur 57
liquidation clearance 99
liquide fluid 120
liquide des freins brake fluid 75
lire to read 40
lit bed 23, 24, 142, 144; *(grand)* double bed 23; *(lits jumeaux)* twin beds 23
lit de camp campbed 117
lit d'enfant cot 24
litre litre 119, 158
littérature literature 83
livraison delivery 102
livre book 12, 117; *(£)* pound 101, 103, 129, 130; *(poids)* pound 119
livre d'enfants children's book 118
livre de poche paperback 118
livrer to deliver 102
local local 36
location de places box office 86
location de voitures car hire 20
loge *(théâtre)* box 88
logement accommodation 22
loger to stay 93
loin far 14
long long 61, 100, 113, 114
lotion après-rasage after-shave lotion 123
lotion capillaire hair lotion 31, 124
louer to hire 19, 20, 74, 90, 91, 104; *(appartement)* to rent 22
louer, à *(chambre)* to let 155

Dictionary

loupe magnifying glass 120
lourd heavy 14
lumière light 28; *(de jour)* daylight 125
lundi Monday 151
lune moon 94
lunettes glasses 120
lunettes de soleil sunglasses 120
luxé dislocated 140
Luxembourg Luxemburg 146

M

ma my 161
machine machine 113
machine à écrire typewriter 27
mâchoire jaw 138
Madame Mrs. 10, 154
Mademoiselle Miss 10, 154; *(serveuse)* waitress 36
magasin shop 98; store 98; *(grand)* department store 100, 103
magasin d'alimentation grocer's 98, 119
magasin de chaussures shoe shop 98, 116
magasin diététique health food shop 98
magasin de jouets toy shop 98, 128
magasin de photos camera shop 98, 125
magasin de souvenirs souvenir shop 98, 127
magasin de sport sporting goods shop 98
magasin de vêtements clothes shop 98, 110
magasin de vins wine merchant 98
magnétophone tape recorder 104
magnétoscope video recorder 104
magnifique magnificent 84
mai May 150
maillot de bain *(femme)* swimsuit 114; *(homme)* swimming trunks 114
maillot de corps vest 114
main hand 138
maintenant now 15
mais but 15
maïs sweetcorn 48
maison house 40, 83, 85; home 40
maison des congrès conference centre 81

maison de vacances holiday cottage 22
maître d'hôtel head waiter 61
mal, faire to hurt 139, 140, 145
mal de dent toothache 145
mal au dos backache 141
mal à l'estomac stomach ache 141
mal à la gorge sore throat 141
mal aux oreilles earache 141
mal de tête headache 121, 141
mal de voyage travel sickness 121
malade ill 140, 156
maladie illness 140, 142
maladie vénérienne venereal disease 142
mallette à pique-nique picnic case 108
manche sleeve 114, 142
mandarine tangerine 52
mandat *(postal)* money order 133
manger to eat 36, 144
manifestation sportive sporting event 89
manquer to be missing 18, 29, 61
manteau coat 114
manteau de fourrure fur coat 114
manteau de pluie raincoat 114
manucure manicure 30
maquereau mackerel 41, 44
marché market 81, 99
marché aux puces flea market 81, 99
marcher to walk 74
mardi Tuesday 151
marée basse low tide 91
marée haute high tide 91
mari husband 10, 93
marié(e) married 93
maroquinerie leather goods shop 99
mars March 150
marteau hammer 108
masque de beauté face-pack 30
mât de tente tent pole 108
match match, game 89
matelas mattress 108
matelas pneumatique air mattress 108
matin morning 10, 143, 151
matinée *(spectacle)* matinée 87
mauvais bad 14, 95, 160
mayonnaise mayonnaise 41
mécanicien mechanic 78
mécontent dissatisfied 102
médecin doctor 79, 137, 144, 156

médecine medicine 83
médical medical 144
médicament medicine 143
meilleur better 160
meilleur, le the best 152, 160
meilleur marché cheaper 19, 24, 25, 101
mélasse treacle 53
melon melon 41, 52
même same 112, 116
menthe mint 49
menu (à prix fixe) set menu 36, 40
mer sea 23, 85
merci thank you 10
mercredi Wednesday 151
mère mother 93
merlan whiting 41
merveilleux wonderful 96
mes my 161
message message 28, 136
messe mass 84
mesurer to measure 111
mètre metre 113
métro underground 19, 67, 73; tube 73
metteur en scène director 87
mettre to put 24
midi noon 31, 151, 153
miel honey 38, 60
mieux better 25, 101
mile mile 20, 79, 158
milieu middle 30, 69, 88
mille (one) thousand 148
milliard milliard 148
million million 148
mince thin 112
minuit midnight 153
minute minute 21, 69, 153
miroir mirror 113
mobilier furniture 83
mode fashion 83
moderne modern 100
modiste milliner's 98
moins less 14
moins, au at least 24
mois month 16, 150
moitié half 149
moment moment 136
mon my 161
monastère monastery 81
monnaie currency 102, 129; *(petite)* small change 77, 130; *(pièce)* coin 83
Monsieur Mr. 10, 154

montagne mountain 85
montant amount 62
montre watch 105
montre-bracelet wristwatch 106
montrer to show 13, 76, 86, 100, 101; to point to 12
monture *(lunettes)* frame 120
monument *(commémoratif)* monument, memorial 81
mordre to bite 139
mosquée mosque 84
mot word 12, 15, 133
motel motel 22
moteur engine 78
motocyclette motorbike 74
mouchoir handkerchief 115
mouchoir en papier tissue, paper handkerchief 122
moule mussel 44
mousse à raser shaving mousse 124
mousseux *(vin)* sparkling 56
moustache moustache 31
moustiquaire mosquito net 108
moutarde mustard 37, 64, 119
mouton mutton 45
moyen *(taille)* medium 20, 111
mur wall 85
mûr mature 51
mûre blackberry 52
muscle muscle 138, 140
musée museum 81
musique music 83, 128
musique de chambre chamber music 128
musique classique classical music 128
musique folklorique folk music 128
musique légère light music 128
myope short-sighted 120
myrtille bilberry, blueberry 52

N

nacre mother-of-pearl 106
nager to swim 90, 91
naissance birth 25
natation swimming 90
nationalité nationality 25
nausée nausea 121; *(avoir la)* to feel nauseous 140
navet turnip 48
ne ... pas not 15, 162

LEXIQUE

Dictionary

né(e) born 150
nécessaire de couture repair kit 115
neige snow 94
neiger to snow 94
nerf nerve 138
nerveux nervous 141
nettoie-pipe pipe cleaner 107
nettoyer to clean 29, 76
neuf nine 147
neuvième ninth 149
neveu nephew 93
nez nose 138
nez, gouttes pour le nose drops 122
nièce niece 93
Noël Christmas 152
nœud papillon bow tie 115
noir black 38, 111, 125
noir et blanc *(photo)* black and white 125
noisette hazelnut 52
noix walnut 52
noix de coco coconut 52
noix de muscade nutmeg 49
nom name 23, 25, 79, 131, 136
nombre number 147
non no 10
non-fumeur nonsmoker 36, 68
nord north 77
normal normal 30, 123, 124
Norvège Norway 146
nos our 161
note bill 31
notre our 161
nourriture (pour bébé) (baby) food 124
nous we 161
nouveau new 14
nouveau, de again 136
Nouvel An New Year 152
Nouvelle-Zélande New Zealand 146
novembre November 150
nuage cloud 94
nuit night 10, 19, 24, 151
numéro number 26, 134, 135, 136
numéro de chambre room number 26
numéro du passeport passport number 25
numéro de téléphone telephone number 134
numéro de vol flight number 65
nuque neck 30

O

objectif *(photo)* lens 126
objets trouvés, bureau des lost property office 67, 99, 156
observatoire observatory 81
obtenir to get 11, 32, 121, 134
occasion, d' second-hand 117
occupé occupied 155; *(place)* taken 70; *(tél.)* busy 136
occupé, être to be busy 96
octobre October 150
œil eye 138, 139
œuf egg 38, 41, 64
œuf à la coque boiled egg 38
œuf au plat fried egg 38
œufs brouillés scrambled eggs 38, 63
office du tourisme tourist office 19, 80
oie goose 47
oignon onion 48
oiseau bird 85
olive (farcie) (stuffed) olive 41
omelette omelette 41
once ounce 119, 158
oncle uncle 93
ongle nail 123
ongles, vernis à nail polish 124
onze eleven 147
opéra opera 72, 87
Opéra opera house 81, 87
opération operation 144
opérette operetta 87
opticien optician 99, 120
or gold 105, 106; *(couleur)* golden 111
orage thunderstorm 94
orange orange 41, 52, 64;*(couleur)* orange 111
orchestre orchestra 87
ordonnance prescription 143
oreille ear 138
oreiller pillow 27
organes génitaux genitals 138
original original 100
ornithologie ornithology 84
orteil toe 138
os bone 138
ou or 15
où where 11
oublier to forget 61
ouest west 77
oui yes 10

outil tool 78
ouvert open 14, 82, 155
ouvre-boîtes tin opener 108
ouvre-bouteilles bottle opener 108
ouvrir to open 11, 17, 70, 98, 129
ovale oval 100

P

page page 154
paiement payment 131
paille *(pour boire)* straw 37
pain bread 37, 38, 64, 119
pain d'épice gingerbread 60
paire pair 115, 116, 149
palais palace 81
palais de justice court house 81
palme *(nageur)* flipper 128
palourde clam 44
palpitations palpitations 141
pamplemousse grapefruit 41, 52, 58
pané breaded 44
panier basket 108
panne *(voiture)* breakdown 78
panneau sign 77, 79
panneau routier road sign 79
pansement bandage 122
pansement adhésif Elastoplast 122
pantalon trousers 114
pantoufle slipper 116
papeterie stationer's 99, 117
papier paper 118
papier aluminium tinfoil 108
papier carbone carbon paper 118
papier à dessin drawing paper 118
papier d'emballage (cadeau) (gift) wrapping paper 118
papier hygiénique toilet paper 124
papier à lettres note paper 27, 118
paprika paprika 49
Pâques Easter 152
paquet packet 107, 119; *(postal)* parcel 133
parapluie umbrella 115
parasol sunshade 91
parc park 81
parcomètre parking meter 77
pardon *(excusez-moi)* sorry 10; excuse me 70
pardon? I beg your pardon? 12
pare-brise windscreen 76
parents parents 93
parfum perfume 124
parfumerie perfumery 99

parier to bet 89
parking car park 77
Parlement Houses of Parliament 81
parler to speak 12, 16, 135, 137
parquer to park 26, 77, 79
parterre *(théâtre)* stalls 88
partie part 138
partir to leave 31, 68, 80, 95, 151
pas ... encore not... yet 15
passage à niveau level crossing 79
passeport passport 16, 17, 26
pastèque watermelon 52
pasteur minister 84
pastille pour la gorge throat lozenge 122
pâtes pasta 50
patient(e) patient 144
patin à glace skate 91
patin à roulettes roller skate 128
patinage ice-skating 90
patinoire skating rink 91
pâtisserie pastry 54; *(magasin)* cake shop 98
payer to pay 31, 62, 68, 102, 136
pays country 92, 146
Pays-Bas Netherlands 146
Pays de Galles Wales 146
paysage scenery 92
peau skin 138
pêche fishing 90; *(fruit)* peach 52, 54, 119
pêcher to fish 90
pédalo pedalo 91
pédiatre children's doctor 137
peigne comb 124
peignoir dressing gown 114; *(de bain)* bathrobe 114
peindre to paint 83
peintre painter 83
peinture paint 155; *(tableau)* painting 84
pelle spade 128
pellicules *(cheveux)* dandruff 124
pendant during 15
pendentif *(bijou)* pendant 106
pendule clock 106, 153
pénicilline penicillin 143
penser to think 12
pension (de famille) guest house 19, 22
pension complète full board 24
pension, demi- half board 24
perche *(poisson)* perch 44
perdre to loose 120, 145, 156

perdrix partridge 47
perdu lost 13, 156
père father 93
perle pearl 106
permanente perm 30
permis licence 90
permis de chasse hunting licence 90
permis de circulation car registration papers 16
permis de conduire driving licence 16, 20
permis de pêche fishing licence 90
perruque wig 124
persil parsley 49
persistant constant 140
personne (négation) nobody 15
personnel (hôtelier) hotel staff 27
personnel personal 17
perte loss 131
petit small 14, 20, 25, 37, 101, 111, 116
petit déjeuner breakfast 24, 26, 38
petit pain roll 38, 64
petit pois pea 48
pétrole paraffin 109
peu de ... few 14
peu, un (a) little 14, 160
peut-être perhaps 15
phare (voiture) headlight 78
pharmacie chemist's 99, 121
photo photo 125
photo d'identité passport photo 125
photocopie photocopy 131
photographe photographer's 99
photographier to take pictures 82
phrase sentence 12
pièce piece 18; (théâtre) play 86
pied foot 138; (à pied) on foot 67, 76, 85
pierre stone 91
pierre précieuse gem 106
piéton pedestrian 79
pile battery 104
pilule pill 141, 143; tablet 122
pince à épiler tweezers 124
pince à linge clothes peg 109
pintade guinea fowl 47
pipe pipe 107
pique-nique picnic 63, 108
piquer to sting 139
piquet de tente tent peg 109
piqûre injection 142, 143, 144
piqûre d'insecte insect bite 121; sting 139

pire worse 160
piscine swimming pool 32, 90
place room 32; (siège) seat 69, 70, 87, 88; (publique) square 81
place de jeux playground 32
place, à la instead of 37
placement investment 131
plage beach 91, 128
plaire, se to like 25, 92, 112; to enjoy 92
plan de ville street map 19, 117
planche à roulettes skateboard 128
planche à voile windsurfer 91
planétarium planetarium 81
plante plant 85
plaque (chocolat) bar 119
plaqué or gold plated 105, 106
plastique plastic 108
plat flat 78, 116
plat (mets) dish 36, 40, 50
plat du jour dish of the day 40
platine platinum 106
plâtre plaster 140
plein full 14, 75; (d'essence) full tank 75
plein air open air 90
pleuvoir to rain 94
plie plaice 44
plomb lead 75
plomb, sans unleaded 75
plombage filling 145
pluie rain 94
pluie, manteau de raincoat 114
plume (réservoir) (fountain) pen 118
plus more 14, 160
pneu tyre 75, 76
pneu plat flat tyre 78
pneumonie pneumonia 142
poche pocket 117
poché poached 44
poêle à frire frying pan 109
poids weight 119
poignet wrist 138
point point 74
point, à (viande) medium 46
pointure size 116
poire pear 52
poireau leeks 48
poison poison 122, 156
poisson fish 44
poissonnerie fishmonger's 99
poitrine chest 138, 141
poivre pepper 37, 38, 49, 64
poivron sweet pepper 48

police police 79, 99, 156
politique politics 84
pommade cream 122
pommade antiseptique antiseptic cream 122
pommade pour les lèvres lipsalve 124
pomme apple 52, 64, 124
pomme de terre potato 48, 50; *(en purée)* mashed potatoes 48, 50
pommes chips crisps 63
pommes frites chips 50, 63
pont bridge 85; *(bateau)* deck 74
porc *(viande)* pork 45
porcelaine china 127
port harbour 74, 81; port 74; *(postal)* postage 132
portail gate 81
porte door 28; gate 65
portefeuille wallet 156
porte-jarretelles suspender belt 114
porte-monnaie purse 115
porter to carry 21; *(à)* to take to 18
porteur porter 18, 71
portion portion 37, 53
Portugal Portugal 146
pose *(photos)* exposure 125
possible possible 101, 113, 137
poste, bureau de post office 99, 132
poste de police police station 99, 156
poste restante poste restante 133
poster to post 28
pot jar 119
pot d'échappement exhaust pipe 78
potage soup 43
poterie pottery 84
poudre powder 124; *(pour le visage)* face powder 124
poulet chicken 47, 63; *(rôti)* roast chicken 63
poumon lung 138
poupée doll 128
pour for 15
pour-cent per cent 149
pourcentage percentage 131
pourquoi why 11
pousser to push 155
pouvoir *(être capable)* can 13, 35, 100, 103
pré meadow 85
préférer to prefer 101
prélèvement *(méd.)* specimen 142

premier first 68, 73, 77, 149
première classe first class 69
premiers secours first-aid 109, 122
prendre to take 18, 25, 72, 101, 143
prénom first name 25
préparer to prepare 28, 71
près near 14
presbyte long-sighted 120
prescrire to prescribe 143
présenter to introduce 92
préservatif condom 122
pressé, être to be in a hurry 21, 36
pression pressure 75, 141, 142
prêt ready 29, 120, 126, 145
prêter to lend 78
prêtre priest 84
prévisions du temps weather forecast 94
primeur greengrocer's 99
principal main 40, 67, 80
printemps spring 150
prise *(fiche femelle)* socket 26; *(fiche mâle)* plug 29, 104
prise de raccordement adaptor 104
privé private 91, 155
prix price 19, 69
prochain next 65, 68, 73, 149, 151
proche, le plus nearest 73, 78, 98
procurer to get 21, 89; to provide 131
produit à vaisselle washing-up liquid 109
profession occupation 25
profond deep 91
programme programme 88
programme des spectacles entertainment guide 86
promenade walk 96; *(voyage)* trip 74; *(voiture)* drive 96
prononciation pronunciation 12
propre clean 61
prospectus brochure 125
protestant protestant 84
provisoire temporary 145
prudent careful 160
prune plum 52
pruneau prune 52
pull(over) pullover, jumper 114
punaise drawing pin 118
pur pure 113
puzzle jigsaw puzzle 128
pyjama pyjamas 114

Q

quai *(gare)* platform 67, 68, 69, 70
qualité quality 112
quand when 11
quantité quantity 14
quarante forty 147
quart quarter 149
quart d'heure quarter of an hour 153
quartier quarter 82
quartier commerçant shopping area 100
quartz quartz 106
quatorze fourteen 147
quatre four 147
quatre-vingt-dix ninety 148
quatre-vingts eighty 148
quatrième fourth 149
que *(comparaison)* than 14
quel(le) which 11
quelque chose something 29
quelque part somewhere 88
quelques a few 14; some 159
quelqu'un somebody, anyone 12
question question 11
qui who 11
quincaillerie ironmonger's 99
quinze fifteen 147
quittance receipt 103, 144
quoi what 11

R

rabais reduction 131
rabbin rabbi 84
raccommoder to mend 29, 75
raccompagner to take home 96
radiateur *(voiture)* radiator 78
radio radio 23, 28, 104
radiographie X-ray 140
radio-réveil clock-radio 104
radis radish 42, 48
ragoût stew 46
raie *(cheveux)* parting 30
raifort horse radish 49
raisin grape 52, 64
raisin sec raisin 52
rallonge *(électrique)* extension cord 104
randonnée, faire une to hike 74
rapide fast 14; quick 161
raquette *(tennis)* racket 90
raser to shave 31
rasoir razor 123; *(électrique)* shaver 26, 105

rayon *(magasin)* department 103
réception reception 23; *(soirée)* party 95
réceptionniste receptionist 27
recharge refill 107, 118
réchaud à gaz gas cooker 109
réclamation complaint 61
recommandé *(courrier)* registered mail 132
recommander to recommend 35, 86, 88, 137
recoudre to sew on 29
rectangulaire rectangular 100
réduction reduction 24, 82
réduire *(vitesse)* to reduce 79
regarder to look 100
régime diet 37
règle ruler 118
règles period 141
rein kidney 138
relevé *(mets)* hot 50
religion religion 84
remboursement refund 103
remède remedy 121
rempart city wall 82
remplir *(fiche)* to fill in 26, 133, 144
rencontrer, se to meet 96
rendez-vous appointment 131, 137, 145; date 95
rendez-vous, prendre to make an appointment 30, 145
rendre to return 102
rendre visite to visit 95
renseignements, bureau des information desk 19, 67
réparation repair 79, 116, 126
réparer to repair 29, 79, 104, 116, 126
repas meal 24, 62, 143; *(léger)* snack 63
repasser to iron 29
répéter to repeat 12
répondre to answer 136
réponse answer 136
représentation *(théâtre)* performance 86
réservation reservation 19, 23, 69; *(places)* booking office 67
réservation d'hôtel hotel reservation 19
réservé reserved 155
réserver to book 86; to reserve 19, 23, 35, 69, 87

respirer to breathe 141, 142
restaurant restaurant 32, 33, 35
rester to stay 16, 24, 26, 142
retard delay 69
retard, être en to be late 13
retirer to withdraw 130
retoucher *(vêtements)* to alter 29, 113
retour, de back 21, 80, 136
retourner to go back 77
retrait *(argent)* withdrawal 130
retraité(e) pensioner 82
rétrécir to shrink 113
réveil alarm clock 104, 106
réveiller to wake 26, 71
revoir, au goodbye 10
revue magazine 117
rhubarbe rhubarb 52
rhum rum 57
rhumatisme rheumatism 141
rhume cold 141
rhume des foins hay fever 121
rideau curtain 28
rien nothing 15
rire to laugh 95
ris de veau sweetbreads 45
rivière river 74, 85, 90
riz rice 50
robe dress 114; *(du soir)* evening dress 114
robe de chambre dressing gown 114
robinet tap 28
rognon kidney 45
roman novel 117
roman policier detective story 118
romantique romantic 84
romarin rosemary 49
rompre to break 92
rond round 100
rosbif roast beef 45, 46
rose *(couleur)* pink 111
rosé *(vin)* rosé 56
rôti roast 45, 46
roue wheel 78
roue de secours spare tyre 75
rouge red 111
rouge à lèvres lipstick 124
rouget (red) mullet 44
rouleau de pellicule roll film 125
rouler to drive 21, 76
route road 76, 77; route 85
route touristique scenic route 85
royal royal 81

ruban adhésif adhesive tape 118
ruban de machine à écrire typewriter ribbon 118
rubis ruby 106
rue street 25, 77; road 77, 154
ruine ruin 82
ruisseau brook 85

S

sable sand 91
sac bag 17, 18, 102; *(à main)* handbag 115, 156
sac de couchage sleeping bag 109
sac à dos rucksack 109
sac en plastique plastic bag 109
safran saffron 49
saignant *(viande)* underdone 46
saignement de nez nosebleed 141
saigner to bleed 139
saison season 40, 150; *(basse)* low season 150; *(haute)* high season 150
salade salad 42, 64
salade de fruits fruit salad 52, 54
salé salty 61
salle d'attente waiting-room 67
salle de bain bathroom 26, 27
salle de concert concert hall 87
salle à manger dining-room 27
salon-lavoir launderette 99
salopettes overalls 114
salutation greeting 10; regards 152
samedi Saturday 151
sandale sandal 116
sandwich sandwich 33
sang blood 141, 142
sanglier wild boar 47
sans without 15
sans plomb unleaded 75
santé health 144
santé! cheers! 58
saphir sapphire 106
sardine sardine 42, 44; *(tente)* tent peg 109
satin satin 112
sauce sauce 49
sauce à salade dressing 42
saucisse sausage 63, 64
sauf except 15
sauge sage 49, 51
saumon salmon 42, 44
saumon fumé smoked salmon 42
sauvetage, bateau de life boat 74
sauvetage, ceinture de life belt 74

savoir to know 16, 24
savon soap 27, 124
savon à raser shaving soap 124
scooter scooter 74
sculpteur sculptor 83
sculpture sculpture 84
seau bucket 109, 128
sec dry 30, 56, 123, 124; *(whisky)* neat 57
sèche-cheveux hair dryer 104
seconde second 153
secours, au help! 156
secrétaire secretary 27, 131
section department 84
sein breast 138
seize sixteen 147
séjour stay 31; visit 92
sel salt 37, 38, 64
selle saddle 45
selles *(méd.)* stools 142
sels de bain bath salts 124
semaine week 16, 20, 24, 80, 143, 151
semelle sole 116
sens unique one-way street 77, 79
sentier footpath 85
sentir, se to feel 140, 142
séparément separately 62
sept seven 147
septembre September 150
septième seventh 149
serveur waiter 27
serveuse waitress 27
service service 100
service d'étage room service 23
service religieux (religious) service 84
serviette napkin 37; *(en papier)* paper napkin 109
serviette de bain bath towel 27
serviette hygiénique sanitary towel 122
serviette en papier paper napkin 109
servir to serve 26, 36
seul alone 95
seulement only 15
shampooing shampoo 30, 124
shampooing colorant colour rinse 30; colour shampoo 124
shampooing et mise en plis shampoo and set 30
shampooing sec dry shampoo 124
shorts shorts 115

si whether, if 12
siècle century 149
signature signature 25
signer to sign 26, 130
signifier to mean 25
s'il vous plaît please 10
simple simple 125
sirop syrup 122
six six 147
sixième sixth 149
ski ski 91
ski nautique water-ski 91
skier to ski 91
slip *(dames)* panties 115; *(messieurs)* underpants, briefs 115
snack-bar snack bar 63
société society 154
sœur sister 93
soie silk 112
soif, avoir to be thirsty 13, 35
soir evening 10, 95, 151
soir, ce tonight 87
soixante sixty 147
soixante-dix seventy 148
soldes sale 99, 155
sole sole 44
soleil sun 94
solide sturdy 100
soliste soloist 87
sombre dark 25
somme amount 131
somnifère sleeping pill 122, 143
sonner to ring 155
sonnette bell 144
sorte sort 119
sortie exit 67, 79, 103
sortie de secours emergency exit 27, 103, 155
sortir to go out 96
souhaiter to wish 152
soulier shoe 116
soupe soup 43
source spring 85
sous under 15
sous-tasse saucer 109
sous-vêtements underwear 115
soutien-gorge bra 115
souvenir souvenir 127
souvent often 140
sparadrap Elastoplast 122
spécial special 20, 65
spécialiste specialist 142
spécialité speciality 40, 42, 47
spectacle show 86, 88

spectacle son et lumière sound and light show 87
sport sport 89
sport d'hiver winter sport 91
stade stadium 82
station station 73
station-service petrol station 75, 99
stationnement parking 77
statue statue 82
steak steak 34, 45
stock stock 103
store blind 29
stylo pen 118
stylo à bille ball-point pen 118
stylo feutre felt-tip pen 118
stylo-mine propelling pencil 118
sucre sugar 37, 38, 59, 64
sucré sweet 61
sud south 77
Suède Sweden 146
Suisse Switzerland 132, 134, 146
suisse Swiss 92
suivre to follow 77
superbe superb 84
supérieur upper 69
supermarché supermarket 99
supplément supplement 68
supplémentaire extra 27
suppositoire suppository 122
sur on 15
sûr sure 12
survêtement tracksuit 115
synagogue synagogue 84
synthétique synthetic 113
système system 78

T

ta your 161
tabac tobacco 107
tabac pour pipe pipe tobacco 107
table table 36, 109
table de conversion conversion table 157, 158
table pliante folding table 109
tableau picture 83
tablier apron 115
tache stain 29
taille size 110, 111
taille-crayon pencil sharpener 118
tailleur tailor's 99; *(costume)* suit 114
talc talcum powder 124
talon heel 116
tampon hygiénique tampon 122

tante aunt 93
tapis de sol *(tente)* groundsheet 109
tard late 14, 153
tarif charge 20, 32, 90; fare 21, 65, 68; rate 20
tarte tart 54; pie 46, 54
tasse cup 37, 109; *(grande)* mug 109
taux rate 131
taux d'inflation rate of inflation 131
taxe tax 32; charge 136
taxe de séjour tourist tax 32
taxe à la valeur ajoutée (T.V.A.) Value Added Tax (V.A.T.) 24, 102, 154
taxi taxi 18, 19, 21, 31, 67; *(petit)* minicab 21
teinté tinted 120
teinture (hair)dye 30, 124
teinture de iode iodine 122
teinturerie dry cleaner's 29, 99
téléfax fax 133
télégramme telegram 133
téléobjectif telephoto lens 126
téléphone (tele)phone 28, 134
téléphoner to make a phone call 78, 134
téléphoniste (switchboard) operator 27, 134
télévision television 23, 28, 104
télex telex 133
température temperature 90, 142
tempête storm 94
temps time 68, 80; *(météo)* weather 94
tenailles pliers 109
tendon tendon 138
tennis tennis 89, 90
tension *(méd.)* blood pressure 141, 142
tente tent 32, 108, 109
tenue de soirée evening dress 88
terminer to finish 153
terminus terminus 73
terrain de camping camp site 32
terrain de golf golf course 90
terrasse terrace 36
tes your 161
tétanos tetanus 140
tête head 138, 139
tête, mal de headache 121, 141
tête, en at the front 69
tétine dummy 124

thé tea 38, 59, 64, 119, 127
thé froid iced tea 58
thé, sachet de tea bag 64
théâtre theatre 82, 86
thermomètre thermometer 122, 144
thermoplongeur immersion heater 104
thermos vacuum flask 109
thon tuna 42, 44
thym thyme 49
tiers third 149
timbre(-poste) stamp 28, 132, 133
tire-bouchon corkscrew 109
tirer to pull 155
tissu fabric 112, 113, 127
tissu écossais tartan 127
toast toast 38, 63
toile canvas 116
toile cirée oilcloth 112
toilettes toilet(s) 23, 27, 32, 67
tomate tomato 48, 64, 119
tombeau tomb 82
ton your 161
ton (couleur) shade 112
tonnerre thunder 94
torticolis stiff neck 141
tôt early 14, 31, 153
toucher to touch 155
toujours always 15
tour (édifice) tower 82
tour (excursion) tour 74, 80
tour de ville sightseeing tour 80
tourne-disque record player 104
tourner to turn 21, 77
tournevis screwdriver 109
tousser to cough 142
tout everything 31, 62; all 102
tout de suite at once 31; straight away 36; immediately 137
tout droit (direction) straight ahead 21, 77
toux cough 121, 122, 141
traducteur/-trice translator 131
traduction translation 12
traduire to translate 12
trafic traffic 76
train train 66, 68, 69, 70, 128, 153
train express intercity train 66, 68; express (train) 66
train omnibus local train 66, 69
traitement treatment 143
traiteur delicatessen 99
trajet journey 72

tranche slice 119
tranquille quiet 23, 25
tranquillisant tranquillizer 122, 143
transfusion blood transfusion 144
transistor portable radio 104
transport transport 74
travail work 79
travailler to work 93
travers, à through 15
traversée crossing 74
treize thirteen 147
trente thirty 147
trépied tripod 126
très very 15
trois three 147
troisième third 149
trop too (much) 14
trou hole 29
trousse de premiers secours first-aid kit 109, 122
trousse de toilette toilet bag 124
trouver to find 11, 84, 100
truite trout 44
T-shirt T-shirt 115
tu you 161
tube tube 119
Tunisie Tunisia 146
tunnel de lavage car wash 76
turbot turbot 44
Turquie Turkey 146
T.V.A. V.A.T. (value added tax) 24, 102, 154
typique typical 46

U

un (chiffre) one 147
un(e) a, an 159
une fois once 149
université university 82
urgence emergency 156
urgent urgent 14, 145
urine urine 142
usage use 17
utile useful 15
utiliser to use 134

V

vacances holiday(s) 16, 151, 152
vacciner to vaccinate 140
vague wave 91
vaisselle crockery 109
valable valid 17, 65, 136
valeur value 131

valide valid 65
valise suitcase 18
vallée valley 85
vanille vanilla 54
veau *(viande)* veal 45
végétarien vegetarian 36
veine vein 138
vélomoteur moped 74
velours velvet 112
velours côtelé corduroy 112
vendre to sell 100
vendredi Friday 151
Vendredi-Saint Good Friday 152
vénérien venereal 142
venir to come 36, 92, 95, 137, 146; *(chercher)* to call for 96; *(prendre)* to pick up 80, 96
vent wind 94
vente sale 131
véritable real 116
vermouth vermouth 57
vernis à ongles nail polish 124
verre glass 37, 56, 58, 61, 143; drink 95; *(optique)* lens 120
verre de contact contact lens 120
vers towards 15
vert green 111
vertiges, avoir des to feel dizzy 140
vésicule gall-bladder 138
vessie bladder 138
veste de sport sports jacket 115
vestiaire cloakroom 88
veston jacket 115
vêtements clothes 110, 114, 115
vétérinaire veterinarian 99
viande meat 45, 61
viande hachée minced meat 45
vide empty 14
vidéocassette video cassette 104, 127
vieille ville old town 82
vieux old 14
village village 85
ville city, town 19, 72, 76, 82
vin wine 56, 61, 64
vinaigre vinegar 37
vingt twenty 147
violet violet 111
visage face 138
visite commentée guided tour 83
visiter to visit 84
vite quick 137, 156
vitesse speed 79

vitrine window 100, 110
vivre to live 83
vœu wish 152
voici here 14
voie *(gare)* platform 69
voilà there 14
voile *(sport)* sailing 90
voilier sailing boat 91
voir to see 25, 26, 89, 105
voiture car 19, 20, 32, 75, 76, 78, 79
vol theft 156; *(avion)* flight 65
volaille poultry 47
voler *(dérober)* to steal 156
volet shutter 29
voleur thief 156
volleyball volleyball 89
voltage voltage 26
vomir to vomit 140
vos your 161
votre your 161
vouloir to want 20
vouloir dire *(signifier)* to mean 11, 12
vous you 161
voyage trip 93; journey 152
voyage d'affaires business trip 93
voyager to travel 93
vue *(panorama)* view 25; *(sens)* eyesight 120

W

wagon carriage 70
wagon-lit sleeping car 66, 68, 69, 71
wagon-restaurant dining car 66, 68, 70
whisky whisky 57

X

xérès sherry 57

Y

yeux, gouttes pour les eye drops 122
yogourt yoghurt 64

Z

zéro zero 147
zoo zoo 82
zoologie zoology 84

English index

Abbreviations	154
Accidents	79, 139
Accommodation	22
Age	149
Airport	16, 65
Alphabet	9
Baby	124
Ballet	87
Bank	129
Basic expressions	10
Beach	91
Beer	55
Beauty salon	30
Bicycle hire	74
Boat	74
Body, parts of the	138
Bookshop	117
Breakfast	38
Bus	72
Business terms	131
Camera shop	125
Camping	32, 108
Car	75
accident	79
breakdown	78
hire	20
parking	77
repair	79
Cassettes	127
Change	18, 129
Cheese	51
Chemist's	121
Cinema	86
Clothes	114
Clothing	110
Colours	111
Concert	87
Conversion tables	157, 158
Countries	146
Countryside	85
Crockery	109
Currency	129

Customs	16, 17
Cutlery	109
Date	151
Dating	95
Days	150, 151
Dentist	145
Dessert	53
Diabetics	37, 141
Diet	37
Directions	76, 77
Discotheques	88
Doctor	137
Drinks	57
Dry cleaner's	29
Eating habits	34
Electric shop	104
Emergency	156
Exotic dishes	50
Family	93
Fish	44
Food and drink	64, 119
Fruit	52
Grammar	159
Greetings	10, 152
Grocer's	119
Hairdresser's	30
Hospital	144
Hotel	22
checking in	23
checking out	31
difficulties	28
post	28
registration	25
reservation	19
staff	27
Illness	140
Introductions	92
Invitations	94

Jeweller's	105
Laundry	29
Lost property	156
Luggage	18, 71
Materials	112
Meat	45
Meeting people	92
Menu	39, 40
Money	18, 129
Months	150
Music	128
Newspapers	117
Nightclubs	88
Notices	155
Numbers	147
Opera	87
Optician	120
Parking	77
Passport	16
Petrol station	75
Plane	65
Picnic	64
Police	79, 156
Post office	132
Poultry	47
Pronunciation	6
Public holidays	152
Questions	11
Railway station	67
Records	127
Relaxing	86
Religious services	84
Restaurant	33
asking and ordering	36
bill	62
complaints	61
Road signs	79
Salads	42
Sauces	49

Seafood	44
Seasons	150
Shoes	116
Shopping guide	97
Shops and stores	98
Sightseeing	80
Signs	79, 155
Sizes	110
Snacks	63
Soups	43
Souvenirs	127
Spices	49
Sports	89
Stamps	132
Stationer's	118
Taxi	21
Tea	59
Telegram, telex	133
Telephone	134
Theatre	86
Theft	156
Tickets	69, 87
Time	153
Tobacconist's	107
Toiletry	123
Toys	128
Transport	
boat	74
bus	72
coach	72
information	67
plane	65
reservations	69
tickets	69
train	66
Underground	73
Vegetables	48
Watchmaker's	105
Weather	94
Wine	56
Winter sports	91
Years	149